Guía breve para el PENSAMIENTO CRÍTICO

Richard L. Epstein

Traducción y adaptación
Manuel A. Dahlquist
Juan F. Rizzo

Ilustraciones de Alex Raffi

Advanced Reasoning Forum

TODOS LOS DERECHOS RESERVADOS. Prohibida la reproducción parcial o total por cualquier medio o soporte –incluidos medios gráficos, mecánicos, electrónicos, fotocopias, grabaciones o sistemas de almacenamiento de información de ningún tipo– sin permiso escrito de Advanced Reasoning Forum. Quedan asentados los derechos morales de los autores.

Los nombres de los personajes y los incidentes relacionados con ellos son ficticios; cualquier similitud con personas vivas o muertas o con cualquier situación de la realidad es pura coincidencia. *Honi soit qui mal y pense.*

COPYRIGHT © 2018 by the Advanced Reasoning Forum
© 2018 Advanced Reasoning Forum
ALL RIGHTS RESERVED. No part of this work covered by the copyright hereon may be reproduced or used in any form or by any means –graphic, electronic, or mechanical, including photocopying,
recording, taping, Web distribution, information storage and retrieval systems, or in any other manner– without the written permission of the Advanced Reasoning Forum.
The moral rights of the authors have been asserted.
Names, characters, and incidents relating to any of the characters in this text are used fictitiously, and any resemblance to actual persons, living or dead, is entirely coincidental. *Honi soit qui mal y pense.*

Para más información, contactar a:
Advanced Reasoning Forum – Argentina
Correo postal a: Facultad de Humanidades y Ciencias. Ciudad Universitaria. 3er piso. S3000 Santa Fe.
Sitio web: www.ARFCastellano.org
Email: arfargentina@protonmail.com

Advanced Reasoning Forum
P. O. Box 635
Socorro, NM 87801   USA
www.AdvancedReasoningForum.com

ISBN 978-1-938421-36-5   edición impresa
ISBN 978-1-938421-37-2   e-book

ÍNDICE

Afirmaciones

1 Afirmaciones 2
    Vaguedad 3
    Afirmaciones subjetivas 5

2 Definiciones 9
    ¿Qué es una buena definición? 10

Argumentos

3 Argumentos 14

4 ¿Qué es un buen argumento? 17
    Poner a prueba un argumento 22

5 Evaluar premisas 25
    Criterios para aceptar una afirmación no-fundada 25
    Publicidad 31
    Internet 32
    Errores comunes al evaluar afirmaciones 34
    Otros errores similares al evaluar argumentos 36

6 Reparar argumentos 39
    Argumentos que necesitan reparación 39
    Guía para reparar argumentos 42
    Argumentos irreparables 48
    Implicar e inferir 49

7 Contraargumentos 51
    Contraargumentos 51
    Refutar un argumento 52

8 Afirmaciones encubiertas 58

9 Falacias 66

Diferentes tipos de afirmaciones

10 Afirmaciones compuestas 70
 Afirmaciones compuestas, contradictorias y disyuntivas (con "o") 70
 Afirmaciones condicionales 73
 Condiciones necesarias y suficientes 75
 Algunas formas de argumentos válidos con condicionales 77
 Razonamientos en cadena y el argumento de la pendiente resbaladiza 80
 Razonar a partir de hipótesis 81

11 Afirmaciones generales 83
 "Todos", "algún", "ningún" y "solo" 83
 Contradictorias de las afirmaciones generales 85
 Formas válidas y débiles de argumentos con afirmaciones generales 86
 Generalidades precisas y vagas 88
 Ejemplos 90

12 Afirmaciones prescriptivas 92

Números

13 Números 100
 Porcentajes 100
 Promedio (media), mediana y moda 101
 Números y comparaciones engañosos 104

Razonar a partir de la experiencia

14 Analogías 110
 Analogías y comparaciones 110
 Ejemplos 114
 Las analogías y el Derecho 118

15 Generalizaciones 121
 La población y la muestra 121
 Muestras representativas 122

Criterios para una buena generalización 126
El margen de error y el nivel de confianza 130
Ejemplos 131

16 Causas y efectos 136
Describir causas y efectos 136
Condiciones necesarias para causa y efecto 138
Errores habituales al razonar sobre causas y efectos 143
Ejemplos 145

17 Causa en población 152
Estudios de causa en población 152
Experimento controlado: causa-a-efecto 152
Experimento no controlado: causa-a-efecto 153
Experimento no controlado: efecto-a-causa 153
Ejemplos 154

18 Explicaciones 161
Explicaciones inferenciales 161
Condiciones necesarias para una buena explicación inferencial 161
Explicaciones causales 164
Ejemplos 165
Argumentos y explicaciones 169
Explicaciones y predicciones 171
Comparar explicaciones 173
Inferencia a la mejor explicación 174
Explicaciones teleológicas 177

Evaluar riesgos y tomar decisiones
19 Evaluar riesgos 182
Sopesar riesgos 182
¿Qué tan probable es el riesgo? 184
Ejemplos de errores al evaluar riesgos 186
Evaluar riesgos en decisiones relativas a la salud 188
20 Tomar decisiones 192
Escribir bien 193
Índice analítico 195

Prefacio

El pensamiento crítico es un conjunto de habilidades que todos podemos llegar a dominar. Al hacerlo, veremos los efectos en nosotros mismos y en otros, podremos formular y comunicar buenos argumentos, y tomar buenas decisiones.

El pensamiento crítico también es el primer paso para escribir bien: lo primero es pensar con claridad; después, escribir con claridad.

Este libro presenta las ideas y los métodos más importantes del pensamiento crítico. Pero para razonar bien no basta con conocer las definiciones y las reglas, además de algunos ejemplos de cómo aplicarlas. Tendremos que ser capaces de usar nuestro buen juicio y de imaginar las posibilidades. Y para eso debemos poner en práctica esas ideas todos los días, mientras estudiamos, miramos televisión, leemos las noticias, navegamos por internet, trabajamos o conversamos con amigos y con nuestra familia.

Agudizando nuestro razonamiento, comprenderemos mejor el mundo que nos rodea y evitaremos que nos engañen. Con algo de suerte, seremos capaces razonar bien con las personas que amamos y con quienes compartimos nuestras vidas (en el trabajo, la escuela o cualquier otro ámbito). Podremos convencerlos mediante buenas razones, podremos ayudarlos –y ayudarnos a nosotros mismos– a tomar mejores decisiones. Pero para lograrlo lo importante no son solo nuestros métodos –las *herramientas* que utilizamos para razonar–, sino nuestros fines y objetivos. Y eso ya depende de la virtud.

Richard L. Epstein

Prefacio a la edición en español

Este trabajo tiene sus orígenes en la necesidad y el azar, pero el resultado final es producto del esfuerzo y la amistad.

Partimos de la necesidad de brindar a los estudiantes que terminan la educación media o que inician el primer año de la universidad los elementos básicos para superar tres desafíos fundamentales con que deberán convivir, ya como egresados del bachillerato, ya como estudiantes universitarios: deben ser capaces de expresar y detectar argumentos; deben ser capaces de razonar correctamente; deben ser capaces de escribir bien. Todas ellas, competencias indispensables tanto para un buen desempeño académico como para una vida democrática de provecho, ya que razonar bien no es algo que ocurra únicamente en las aulas. Los buenos razonamientos no son patrimonio exclusivo de "doctores", "licenciados" y "profesores". Por eso en estas páginas encontrarán mucho más que consejos para aprobar exámenes y escribir mejor.

Pensar con claridad y argumentar bien es algo demasiado importante para dejarlo en manos de "especialistas". Nadie quiere ser engañado ni engañarse a sí mismo sobre las cosas que más le importan. Todos queremos comprender mejor el mundo que nos rodea (y a nosotros mismos). Nos gustaría tomar mejores decisiones y también poder ayudar a nuestros amigos y familiares a tomar mejores decisiones. Para eso necesitamos razonar bien. La buena noticia es que son habilidades que todos de alguna manera ya compartimos. Lo que llamamos *pensamiento crítico* es el esfuerzo constante por ponerlas en práctica y desarrollarlas cada día, en nuestros estudios, en nuestro trabajo, en nuestra casa y cualquier otro ámbito de nuestra vida. Este libro incluye las ideas básicas para poner manos a la obra.

Cuando comenzamos la tarea de ofrecer a nuestros estudiantes los recursos elementales para razonar correctamente, nos encontramos con que no disponíamos de material en nuestro idioma capaz de suplir ese vacío. Por fortuna (¡he aquí el azar!) nos topamos con Richard L. Epstein y con su *The Pocket Guide to Critical Thinking*, fruto de años de experiencia en la enseñanza del pensamiento crítico: exactamente el tipo de contenido que nos interesaba presentar. El libro utiliza un lenguaje directo y sin tecnicismos, con abundantes ejemplos, pero sin resignar claridad ni rigor conceptual. Se trata de un texto autocontenido: su presentación sistemática, basada en definiciones precisas de los términos clave, no exige preparación previa por parte del lector. Esas características lo hacían una opción inmejorable para nuestros propósitos, incluso comparado con las otras ofertas en inglés. Por todo ello decidimos encarar la tarea de adaptarlo a nuestro idioma y, particularmente, comenzar a utilizarlo en clase. Aunque sabíamos por experiencia que el texto se puede disfrutar –y aprovechar– a partir una lectura que no tiene por qué compartir estos fines, no tardamos en comprobar que resulta un excelente recurso pedagógico.

También comprendimos que si queríamos que resultara útil para lectores hispanohablantes, deberíamos reformular partes de la exposición y, sobre todo, reemplazar muchos ejemplos. Para lograrlo fue indispensable discutir el material con alumnos, colegas, familiares y amigos. Sus sugerencias, críticas y comentarios contribuyeron a pulir el texto y a hacer de él algo mucho más accesible para lectores de nuestro país así como –esperamos– otros países de habla hispana. Quienes lean estas páginas se beneficiarán de esa experiencia y esa labor compartida. En resumen, no habríamos llegado hasta aquí si no hubiéramos contado con la paciencia, el entusiasmo y la colaboración de todas esas personas (aunque nos gustaría agradecer especialmente a nuestros estudiantes). Si este trabajo tiene algún mérito, habrá que adjudicárselo a la buena disposición de quienes desde el primer momento –y durante todos estos años– se animaron a pensar con nosotros.

Cabe aclarar que desde el comienzo contamos con la colaboración y la ayuda Richard L. Epstein, cuya generosidad nos ayudó a entender – entre muchas otras cosas– que el pensamiento crítico puede enseñarnos a *imaginar las posibilidades* de la amistad. Unas pocas líneas nunca serán suficientes para dar cuenta de todo lo que le debemos. Solo diremos que sin sus consejos y su aliento constante este proyecto no habría podido siquiera comenzar.

Por último, pero no menos importante, el presente trabajo debe muchísimo a la amable pero atenta lectura de numerosos colegas y amigos, con quienes pudimos discutir sus diversos aspectos, quienes utilizaron versiones previas de este material para trabajar en sus clases o nos hicieron llegar sus críticas. Esos aportes son demasiados para enumerarlos aquí, pero queremos agradecer especialmente a Esperanza Buitrago Díaz, Paola Calabretta, Diego Letzen, Graciela Barranco, Teresita Pratt y Luis Urtubey.

La edición impresa se lleva adelante con los recursos obtenidos a través de un proyecto de extensión presentado en la Universidad Autónoma de Entre Ríos y financiado por el Ministerio de Educación de la Nación, la Secretaría de Políticas Universitarias y el Voluntariado Universitario.

Somos conscientes de que esta *Guía breve para el pensamiento crítico* adolece de numerosas faltas y omisiones que no cabe imputar más que a nosotros mismos. A pesar de ello, agradecemos la oportunidad de haber podido realizar nuestra modesta contribución.

Manuel A. Dahlquist y Juan F. Rizzo

***

¿Qué estás esperando? *¡El pensamiento crítico es para todo el mundo!*

En **www.ARFCastellano.org** encontrarás más ejemplos y ejercicios para cada capítulo, y los docentes podrán solicitar la *Guía para instructores*.

Resumen

Afirmaciones
Queremos que nuestros razonamientos nos sirvan para encontrar la verdad. Para hacerlo, debemos poder reconocer cuándo lo que decimos puede ser verdadero o falso y cuándo es simplemente un sinsentido. De eso se ocupa el Capítulo 1. En el Capítulo 2 veremos cómo utilizar definiciones para obtener claridad sobre los temas que nos interesa discutir.

Argumentos
En el Capítulo 3 comenzamos nuestro estudio de los argumentos: intentos de convencer a alguien de que una afirmación es verdadera a partir de la verdad de otras afirmaciones. En el Capítulo 4 veremos los criterios para identificar qué es un buen argumento. En el Capítulo 5 analizaremos cuándo estamos justificados para aceptar una afirmación en ausencia de un razonamiento que la apoye. La mayoría de los razonamientos que escuchamos y utilizamos diariamente están incompletos. Pero eso no quiere decir que son necesariamente malos. En el Capítulo 6 daremos los criterios para reparar argumentos y poder evaluarlos correctamente. En el Capítulo 7 veremos cómo responder a objeciones utilizando contraargumentos. Pero a veces se nos intenta convencer de algo utilizando palabras engañosas en lugar de buenos razonamientos. En el Capítulo 8 veremos ejemplos de esos malos intentos de convencer y cómo evitarlos. Además, hay algunos tipos de argumentos son típicamente malos, por lo que agruparlos bajo el nombre de *falacias*, como vemos en el Capítulo 9, nos ahorrará mucho trabajo.

Diferentes tipos de afirmaciones
Algunas afirmaciones requieren de ciertas habilidades especiales para poder estudiar su uso en los argumentos. En el Capítulo 10 analizaremos afirmaciones compuestas que utilizan conectores como "o", "no" y "si..., entonces". Para razonar bien es importante comprender cómo formular la contradictoria de cada una de estas afirmaciones.
En el Capítulo 11 estudiaremos afirmaciones usadas para hablar de todos los miembros de un grupo o parte de él. Veremos cómo podemos razonar utilizando palabras como "todos", "algunos", etc.

Para razonar en el campo de la ética y los valores usamos afirmaciones que hablan no solo de *lo que es*, sino de lo que *debería ser*. En el Capítulo 12 veremos cómo evaluar argumentos que utilizan este tipo de afirmaciones (prescriptivas).

Números
Usamos números para medir, resumir los resultados de nuestras observaciones y comparar información. En el Capítulo 13 estudiaremos cómo incluirlos en nuestros razonamientos y cómo evaluar argumentos que utilizan números.

Razonar a partir de la experiencia
Las comparaciones son centrales en nuestros razonamientos acerca del mundo, por eso es importante aprender a evaluar argumentos que dependen de comparar similitudes y diferencias. Son las analogías, o razonamientos por analogía, y de ellas se ocupa el Capítulo 14. En el Capítulo 15 veremos cómo razonar a partir de la experiencia, tratando de encontrar afirmaciones (generales) que se apliquen a todo un grupo a partir de afirmaciones sobre parte(s) de él (particulares). En el Capítulo 16 estudiaremos cómo razonar con afirmaciones de causa y efecto, y en el Capítulo 17 analizaremos cómo podemos utilizar afirmaciones de causa y efecto acerca de un grupo.

Evaluar riesgos y tomar decisiones
Para decidir qué hacer o cómo elegir entre posibles cursos de acción podemos razonar de la misma manera a como lo hacemos para decidir si debemos creer una determinada afirmación. Si sabemos razonar bien, podremos decidir mejor. Para evaluar esos argumentos tenemos que poder evaluar el riesgo y el beneficio derivados de hacer (o dejar de hacer) algo. De eso nos ocuparemos en los Capítulos 19 y 20.

Escribir bien
Si aprendemos a evaluar correctamente afirmaciones, argumentos, afirmaciones causales y explicaciones, seremos capaces de escribir mejor, porque podremos juzgar nuestro propio trabajo como si fuera el de otro, aplicando todo lo que vimos aquí.

Personajes

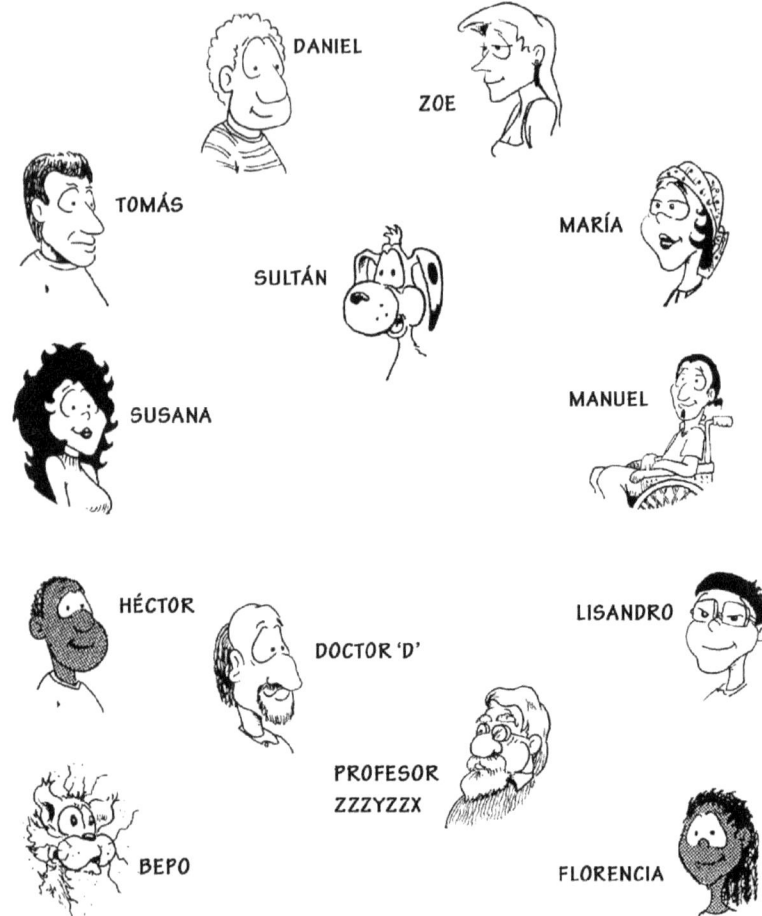

Afirmaciones

1 Afirmaciones

Queremos saber qué es verdad. Pero primero debemos reconocer qué oraciones pueden ser verdaderas o falsas.

> **Afirmaciones** Una *afirmación* es una oración declarativa, usada de tal modo que es verdadera o falsa, pero no ambas.

Ejemplo 1 Los perros son mamíferos.
  Análisis Esto es una afirmación.

Ejemplo 2 $2 + 2 = 5$
  Análisis Esto es una afirmación, aunque sea una afirmación falsa.

Ejemplo 3 Daniel es estudiante.
  Análisis Esto es una afirmación, aunque no sepamos si es verdadera.

Ejemplo 4 ¿Quién puede ser tan tonto como para pensar que los gatos razonan?
  Análisis Esto no es una afirmación. Las preguntas no son afirmaciones.

Ejemplo 5 Nunca beba antes de conducir.
  Análisis Las instrucciones o indicaciones no son afirmaciones.

Ejemplo 6 Me gustaría conseguir un trabajo.
  Análisis Que esto sea o no una afirmación depende de cómo esté siendo utilizada. Si María –que hace semanas está intentando obtener un trabajo– se lo dice a sí misma, no es una afirmación. Pero si le dice a sus padres –que le reprochan no conseguir trabajo–: "No es que no lo esté intentando. Me *gustaría* conseguir un trabajo", en ese contexto sí se trata de una afirmación (aunque pueda estar mintiendo).

Vaguedad

Muchas veces lo que decimos es demasiado vago como para ser una afirmación, porque no hay una única manera de entender nuestras palabras. La vaguedad puede generar desagradables desacuerdos y confusión, puede despistarnos y dar lugar a discusiones triviales.

Ejemplo 8   Todas las opiniones son respetables.

Análisis   Esto es algo que escuchamos muy seguido, y casi todos aceptan que es verdadero y muy importante. Pero ¿qué significa? ¿Significa que no tiene sentido discutir sobre gustos personales? ¿Significa que deberíamos prestar atención a las opiniones de los demás? ¿O significa que no deberíamos preocuparnos en lo más mínimo por lo que opinan los demás? ¿Significa que tenemos que aceptar como verdadero lo que dice cualquier persona? ¿O que tenemos derecho a estar en desacuerdo? Esto es demasiado vago como para que podamos considerarlo una afirmación.

Ejemplo 9   "No dejes para mañana lo que puedes hacer hoy"
(refrán)
Análisis   Esto podría ser un buen consejo, dependiendo del contexto y siempre que lo interpretemos como "No deberías dejar para mañana lo que puedes hacer hoy". Pero, tal y como está enunciado, es una recomendación o quizá una orden. Y las órdenes, instrucciones o recomendaciones no son afirmaciones.

Ejemplo 10   "Empresa necesita: Jóvenes con marcado perfil comercial, orientados al logro de objetivos, excelente presencia, buena dicción, buen manejo de las relaciones interpersonales y marcada orientación al cliente. Se requiere experiencia en el área ventas, preferentemente en el rubro intangibles."

Análisis   En este aviso, ¿qué puede significar la frase "marcada orientación al cliente"? Suele ser algo lo suficientemente vago y lo suficientemente importante como para que el empleador pueda negarle el empleo a alguien que no le agrade y contratar a quien prefiera.

En cierta medida, todo lo que decimos es vago. Al fin y al cabo, no hay dos personas que tengan idénticas percepciones, y como la manera en que entendemos las palabras depende de la experiencia de cada uno, todos entendemos las palabras de forma un poco diferente. Por eso, para que podamos decir que, en un determinado contexto, una oración *no* es una afirmación, no es suficiente con que lo que decimos sea vago, tiene que ser *demasiado* vago. Por otra parte, es un error argumentar que si la diferencia no puede precisarse, no hay ninguna diferencia: es lo que se conoce como la *falacia del trazado de límites*. Por ejemplo, en un auditorio iluminado por la luz de una sola vela es verdad que hay lugares oscuros y lugares iluminados, pero es imposible trazar un límite preciso entre la parte iluminada y la parte oscura, entre el lugar donde termina la luz y el lugar donde comienza la oscuridad. Eso no quiere decir que no hay diferencia entre la luz y la oscuridad.

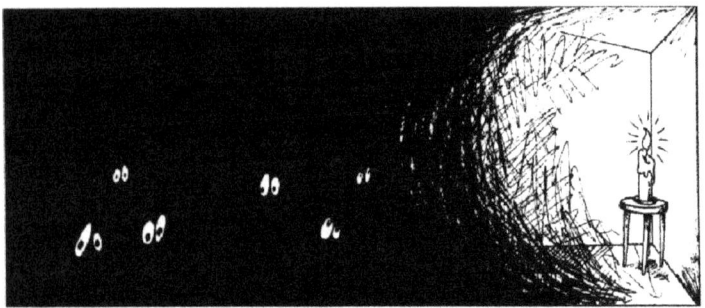

Ejemplo 11   Tomás: Mi profesor de Filosofía Antigua dejó claro que este cuatrimestre no quiere que lleguemos tarde a sus clases.
Zoe: ¿Y qué quiere decir "llegar tarde"? ¿Cómo se puede determinar cuando alguien llega tarde a clase? ¿Y cuándo "llegaste" a la clase? ¿A partir del momento en que tu nariz cruzó el umbral? ¿O cuando traspasaste la puerta? ¿En el momento en que diste el presente? …
Análisis   Zoe está reclamando más precisión de la necesaria. En el habla cotidiana, está claro que se trata de una afirmación.

Ejemplo 12   Si un sospechoso no coopera con la policía y el policía lo golpea (digamos, una vez), no estamos ante un caso de violencia injustificada. Si el sospechoso sigue sin cooperar, el policía podría golpearlo dos veces. Quizá tres. Y si el sospechoso continúa resistiéndose, ¿no está el policía en todo su derecho de continuar golpeándolo? Prohibírselo sería peligroso. Es imposible determinar con exactitud cuántas veces debe un policía golpear a un sospechoso para que su conducta pueda considerarse como violencia innecesaria. Por lo tanto, el policía no aplicó violencia innecesaria.

Análisis Este argumento convenció a un jurado de absolver a los policías que apalearon a Rodney King en Los Ángeles, en 1990, y es otra muestra de falacia del trazado de límites.

Ejemplo 13 Zoe: Los psiquiatras no pueden ponerse de acuerdo respecto de si Wanda está loca o no. Uno dice que es clínicamente obsesiva y el otro dice que no es más obsesiva que la mayoría de las personas. Y eso demuestra lo que yo siempre digo: que la psiquiatría es pura charlatanería.

Análisis De la existencia de un caso límite no se sigue que no exista ninguna diferencia entre la gente sana y la que no lo está.

Afirmaciones subjetivas

Es útil distinguir las afirmaciones acerca del mundo exterior de aquellas que son acerca de pensamientos, creencias y sentimientos.

Afirmaciones subjetivas y objetivas Una afirmación es *subjetiva* si su verdad o falsedad depende de lo que alguna persona o grupo piense, crea o sienta. Una afirmación que no es subjetiva es *objetiva*.

Ejemplo 14 Todos los cuervos son negros.
Análisis Esta es una afirmación objetiva.

Ejemplo 15 Daniel: Mi perro Sultán tiene hambre.
Análisis Esta es una afirmación subjetiva (es acerca de lo que siente Sultán).

Ejemplo 16 Susana: Hace un lindo día.
Análisis Esta oración es demasiado vaga para ser una afirmación objetiva. Pero si Susana solo quiere contarnos que el día le parece lindo o que le gustan este tipo de días, entonces se trata de una afirmación subjetiva. Después de todo, casi nunca podemos ser muy precisos al describir nuestros sentimientos.

Ejemplo 17 Lisandro: Álgebra es una materia realmente difícil.
Análisis ¿Qué criterio está utilizando Lisandro para clasificar la materia como difícil? Si quiere decir que Álgebra es difícil para él, entonces la afirmación es subjetiva –es decir, que él *siente* que tiene que

esforzarse más que para Geografía o Literatura, por ejemplo. Pero si lo que Lisandro tiene en mente es que el 40% de los estudiantes reprueban Álgebra (lo cual es mucho comparado con otros cursos), entonces la afirmación es objetiva. O puede ser que Lisandro no tenga ningún criterio en mente, y entonces esta oración es demasiado vaga. *Cuando no está claro qué criterio se está utilizando, la oración es demasiado vaga para ser tomada como una afirmación.*

Ejemplo 18   Wanda pesa noventa kilos.
   Análisis   Esta es una afirmación objetiva. Un número en una escala (como la que muestra la balanza) es un criterio objetivo.

Ejemplo 19   Enfermera: Dr. D, dígame, en una escala del 1 al 10, ¿cómo calificaría sus riñones?
   Dr. D: Les daría un 7.
   Análisis   Esta es una escala, pero que solo depende del Dr. D. Lo único que sabemos es que él *siente* que el funcionamiento de sus riñones merece un 7. Si está utilizando algún criterio, es algo a lo que solo él tiene acceso. Por eso decimos que la afirmación es subjetiva.

Ejemplo 20   Daniel: Wanda está demasiado gorda para salir con esa ropa.
   Análisis   Esta es una afirmación subjetiva. Su verdad depende de lo que Daniel *siente* que es estar "demasiado gorda para vestir esa ropa en público", es decir, que utiliza un criterio subjetivo. También podría decir, por ejemplo, "las personas gordas como Wanda quedan feas con ese tipo de ropa", lo que sería una afirmación equivalente a la del ejemplo. (Ver Capítulo 12 para un análisis de los **juicios de valor** y las **afirmaciones prescriptivas**).

Ejemplo 21   Dios existe.
   Análisis   "Dios existe" ≠ "Yo creo que Dios existe". Muchas veces las personas creen que siempre que hay un gran desacuerdo acerca de la verdad o falsedad de una afirmación, eso significa que la afirmación es subjetiva. Pero se trata de una confusión, la *falacia subjetivista*. Sea lo que sea que quiera decir "Dios" para cada uno de nosotros, se supone que es algo que existe independientemente de nuestras creencias, opiniones o sentimientos. Y por eso la afirmación del ejemplo debería clasificarse

como objetiva: que sea verdadera o falsa no depende de lo que alguien piense o sienta.

Ejemplo 22 El número de las estrellas en el cielo es par.

Análisis Esta afirmación es objetiva, pero nadie sabe cómo podríamos llegar a averiguar si es verdadera o falsa, y es probable que no lo averigüemos nunca.

Ejemplo 23 Dados los métodos de extracción actualmente disponibles, y dado el nivel actual de consumo, hay suficientes reservas de petróleo para satisfacer las necesidades mundiales por los próximos quince años.

Análisis Esta afirmación es objetiva. Las personas discrepan acerca de su verdad o falsedad porque no tenemos suficientes evidencias como para decidir en un sentido o en otro.

Ejemplo 24 Zoe (a Daniel): Tomás está enamorado de Susana.
Daniel: Yo creo que no.

Análisis Zoe y Daniel discrepan acerca de esta afirmación subjetiva (sobre los sentimientos de Tomás), pero no es por falta de evidencia. La evidencia es más que suficiente; el problema es cómo interpretarla.

Que una afirmación sea subjetiva u objetiva no depende de:

- Cuánta gente la crea o la acepte.
- Que la afirmación sea verdadera o falsa.
- Que alguien sepa o pueda saber si la afirmación es verdadera o falsa.

Para evaluar cualquier afirmación tenemos que usar nuestro juicio. Cuando descubrimos que es necesario considerar una y otra y otra vez nuestro juicio, es una oración demasiado vaga para que podamos considerarla una afirmación.

Sin embargo, es importante recordar que cuando confundimos una afirmación subjetiva con una afirmación objetiva, podemos terminar enredados en discusiones disparatadas y sin sentido.

Ejemplo 25 Zoe: El helado de dulce de leche es lo más rico del mundo.

Daniel: Nada que ver. Es demasiado dulce. Si dijeras helado de higo, eso ya es otra cosa… ¡Qué manjar! Lo pido todas las veces, y cada vez me gusta más.

Zoe: ¡Estás loco! ¡Eso es incomible!

Análisis   Daniel y Zoe están tratando una afirmación subjetiva como si fuera objetiva. No tiene sentido argumentar acerca de los gustos personales.

Ejemplo 26   Lisandro: Merezco una nota alta en este curso.

Dr. D: No es así. Aquí están sus exámenes y sus trabajos prácticos. Promediando todos, no llegan a un 4.

Lisandro: ¡Esa es *su* opinión!

Análisis: Lisandro está tratando una afirmación objetiva –"Merezco una nota alta"– como si fuera subjetiva. Pero si realmente se tratara de una afirmación subjetiva, argumentar acerca de ello sería tan inútil como discutir con el Dr. D acerca de si prefiere el helado de dulce de leche o el de higo, o si se entristece cada vez que sus estudiantes reprueban Lógica, o si tiene un pánico irracional a los elefantes…

2 Definiciones

Para razonar bien necesitamos comprender las palabras utilizadas por los demás y por nosotros mismos.

> **Definición** Una *definición* es una explicación o estipulación acerca de cómo usar una palabra o frase.

Una definición no es una afirmación. Una definición no es verdadera o falsa; es buena o mala, correcta o incorrecta. Las definiciones nos aclaran acerca de qué estamos hablando.

Ejemplo 1 "Exógeno" significa "agente externo".
  Análisis Esto es una definición, no una afirmación. Es una explicación de cómo usar la palabra "exógeno".

Ejemplo 2 Bordó es el color de los hematomas; es de un azul rojizo o un intenso rojo oscuro.
  Análisis Esto es una definición, no una afirmación.

Ejemplo 3 Lisandro: María es rica. Si salimos a almorzar, le voy a pedir que ella pague la cuenta.
  Tomás: ¿Qué entiendes por "rica"?
  Lisandro: Que tiene un Mercedes.
  Análisis Esto no es una definición –o se trata de una muy mala definición–. Algunas personas tienen un Mercedes sin ser ricas, y otras son ricas pero no tienen un Mercedes. Que María tenga un Mercedes puede contar como evidencia para mostrar que es rica, pero no implica que lo sea.

Ejemplo 4 "Las dietas rápidas y muy bajas en calorías (por debajo de las quinientas calorías) causan en el cuerpo una pérdida de nitrógeno y potasio, una pérdida que, se cree, activa un mecanismo en el cuerpo que causa que este deje de producir energía a partir de los depósitos de grasa y comience a consumir las proteínas de los músculos."
  Jane Fonda's, *New Workout and Weight Loss Program*

Análisis Muchas veces las definiciones no se identifican explícitamente, sino que se hacen al pasar, como esta buena definición de "dieta muy baja en calorías".

¿Qué es una buena definición?

Ejemplo 5 "La intuición es percepción por medio del inconsciente."
Carl Jung

Análisis Esto es una definición, pero es mala. Las palabras usadas para definir no son más claras que la palabra que se quiere definir.

Ejemplo 6 Un automóvil es un vehículo con motor que puede trasladar gente.
Análisis Esta es una mala definición, porque es **demasiado amplia**: avanza sobre casos que no debiera. De acuerdo a esto, un carrito de golf, un tren o un avión podrían ser clasificados como automóviles. Sería imposible utilizar las palabras de la definición para remplazar las palabras definidas, y eso la hace mala.

Ejemplo 7 Los perros son mamíferos.
Análisis Esto no es una definición, sino una afirmación. No podríamos utilizar "mamífero" en lugar de "perro".

Ejemplo 8 Los perros son cánidos domesticados que obedecen a los humanos.
Análisis Esta es una mala definición porque es **demasiado estrecha**: no cubre (todos) los casos que debería (como, por ejemplo, los perros salvajes de la India, o los aguará guazú del litoral argentino).

Buena definición Para que una definición sea buena:
- Las palabras usadas para definir deben ser más claras y fáciles de entender que las que usadas en la palabra o frase definida.
- Debe ser siempre correcto usar las palabras o frases de la definición en lugar de las palabras o frases definidas. Esto garantiza que la definición no es ni demasiado amplia ni demasiado estrecha.

Ejemplo 9 El aborto es el asesinato de niños no-natos.
Análisis Aquí lo que debe ser debatido –si el aborto constituye, o no, un asesinato– se presupone *como si fuera* una definición. Una **definición persuasiva** es una afirmación polémica (discutible) disfrazada de definición. Es un intento de que aceptemos esa afirmación sin ofrecernos razones para ello.

Ejemplo 10 Un feminista es alguien que piensa que las mujeres son mejores que los hombres.
Análisis Esto es una definición persuasiva.

Ejemplo 11 De una entrevista a Celia Amorós. "Celia, ¿cuál sería hoy su mejor definición de feminismo?" Respuesta: La única salida viable al caos. Sería lo único que podría civilizar el conflicto de civilizaciones, o al menos colaborar de una manera significativa".
Celia Amorós, escritora feminista
E-mujeres.net, http://e-mujeres.net/celia-amoros-escritora-feminista/
Análisis Esto no es una definición. Son afirmaciones *acerca del* feminismo. No nos aclaran cómo utilizar esa palabra (o cómo intenta utilizarla quien hace esas afirmaciones).

Ejemplo 12 En Argentina, *trapito* es una persona que consigue dinero extorsionando a los ciudadanos para que le paguen por cuidar los autos estacionados que rompería si no se le diera el dinero que exige.
Análisis No es difícil ver que esta es una definición persuasiva.

"Si a la cola la llamaras pata, ¿cuántas patas tendría un perro? ¿Cinco?
No, llamar pata a una cola no hace de ella una pata."
Atribuido a Abraham Lincoln

Ejemplo 13 "**Absurdo**: *sust.* Afirmación o creencia manifiestamente inconsistente con mi propia opinión. *adj.* Cada uno de los reproches que se hacen a este excelente diccionario."
Ambrose Bierce, *Diccionario del diablo*
Análisis Podríamos clasificar esto como un ejemplo de definición persuasiva, ¡aunque mucha gente parece utilizar la palabra de esa manera!

Para poder dar una buena definición es necesario considerar ejemplos en los cuales se aplique o no, para estar seguros de que no es ni demasiado amplia ni demasiado estrecha.

Ejemplo 14   Supongamos que queremos definir "comedor escolar". Esto es algo que algún legislador puede necesitar para distribuir fondos de programas alimentarios para las escuelas. Como primer intento, podríamos decir "un lugar en la escuela donde los estudiantes comen". Pero esto es muy amplio, ya que en la escuela puede haber un patio, o habitaciones donde los estudiantes coman. Podemos probar con "un lugar en la escuela donde los estudiantes compran su comida", pero también es muy amplio, ya que puede haber un kiosco o una máquina expendedora de sándwiches. ¿Qué hay con "un lugar en la escuela donde los estudiantes comen comida caliente"? Bien, sucede que en la escuela el kiosco puede preparar panchos y así calificarían como vendedores de comida caliente. Necesitamos algo como "un lugar en la escuela donde los estudiantes pueden comer comida caliente y la escuela es responsable por la preparación y el servicio de la misma". Eso ya suena mejor, pensando que quien lo utilice deberá adoptarlo como definición para una ley que distribuya recursos a los comedores escolares, incluyendo aquellas escuelas que contraten una empresa para el servicio de preparación de la comida. Si la definición es demasiado estrecha (o demasiado amplia), influirá en cómo los legisladores distribuyan el dinero.

Pasos en la construcción de una buena definición
- Mostrar la necesidad de definir.
- Enunciar la definición.
- Asegurarse de que las palabras sean claras y tengan sentido.
- Dar ejemplos donde se aplique la definición.
- Dar ejemplos donde la definición no se aplique.
- Si es necesario, contrastarla con otras definiciones posibles.
- Si es necesario, revisar la definición.

Argumentos

3 Argumentos

> *Argumentos*   Un *argumento* es un intento de convencer a alguien, posiblemente a uno mismo, de que una afirmación en particular, denominada *conclusión*, es verdadera. El resto del argumento está formado por una o más afirmaciones, que llamaremos ***premisas***, que se ofrecen como razones para creer que la conclusión es verdadera.

Ejemplo 1   El pensamiento crítico es el más importante de los temas que usted pueda estudiar. Lo ayudará a razonar mejor, lo ayudará a conseguir trabajo y lo ayudará a tomar mejores decisiones.

Análisis   Esto es un argumento. La conclusión es "El pensamiento crítico es el más importante de los temas que usted pueda estudiar". Las premisas son: "lo ayudará a razonar mejor", "lo ayudará a conseguir trabajo" y "lo ayudará a tomar mejores decisiones".

Ejemplo 2   Susana (a Tomás): Cualquiera se da cuenta de que los que estudian Filosofía son personas muy interesantes. Siempre están leyendo libros difíciles y no tienen miedo de cuestionar cualquier afirmación para ver si realmente hay buenos argumentos que la respalden.

Análisis   Este argumento pretende convencernos de que la afirmación "los que estudian Filosofía son personas muy interesantes" es verdadera. Las premisas son "leen libros difíciles" y "no tienen miedo de cuestionar cualquier afirmación para ver si realmente hay buenos argumentos que la respalden".

Ejemplo 3   (De las indicaciones de un medicamento). "Conservar a temperatura ambiente inferior a 25º C. No almacenar en la heladera. Mantener fuera del alcance de los niños."

Análisis   Esto no es un argumento. Las instrucciones, órdenes o mandatos no son un intento de convencer a nadie sobre la verdad de una afirmación.

Ejemplo 4   La mamá de Zoe: ¿Cómo es eso de que te vas a ir con tus amigos de vacaciones? ¿Qué te pasa? ¿No estás cómoda con tu familia? ¿Ya no la querés más a mamá? ¿Qué hice mal?

Análisis   Esto no es un argumento. No todos los intentos de convencer son intentos de mostrar la verdad de una determinada afirmación.

Ejemplo 5 Si está bien comprar ratones para darle de comer a las boas que algunas personas tienen como mascotas, ¿por qué está mal usar ratas para experimentos?

Análisis Esto no es un argumento, ya que no está compuesto por afirmaciones. Podemos verlo como un intento de convencer, si interpretamos que se trata de una pregunta retórica. Pero antes de poner palabras en la boca de otros debemos tener una idea clara de cuándo estamos autorizados a reinterpretar lo que dicen como un argumento.

Ejemplo 6 Daniel: No debes cortar la cola de tu perro, porque lo harías sufrir, perdería confianza en sí mismo y ya no podría expresar sus sentimientos.

Análisis Esto es un argumento. La palabra "porque" nos indica que a continuación aparecen las premisas.

Una **palabra indicadora** es una palabra o expresión que se agrega a una afirmación para señalar cuál es su función dentro del argumento, o lo que el hablante piensa sobre esa afirmación o argumento. Aquí hay algunos ejemplos:

Indicadores de conclusión: así; consecuentemente; concluyo que; correspondientemente; de ahí (que); de manera que; de esto se sigue que; en consecuencia; lo cual muestra que; lo que nos permite inferir que; podemos concluir que; podemos mostrar que; por lo que; en consecuencia; por lo tanto; por tanto…

Indicadores de premisas: a pesar de que; como es indicado por; dado esto; debido a; desde que; por; porque; pues; puesto que; se acepta que; sobre la base de; supuesto que; y como; ya que…

Indicadores de las creencias del hablante: probablemente; es probable que; con certeza; lo más probable; yo pienso (que); seguro que; creo que; me parece que…

Ejemplo 7
(1) María sabe mucho acerca de enfermería; conoce todos los detalles acerca de los cuidados que demanda un paciente. Es probable que haya trabajado en un hospital.

(2) Me parece que María sabe mucho acerca de enfermería; conoce todos los detalles sobre cómo cuidar un paciente. Por lo tanto, estoy seguro de que en algún momento de su vida María trabajó en un hospital.

Análisis (1) y (2) son el mismo argumento. Las palabras indicadoras nos muestran lo que el hablante piensa acerca del argumento o de las afirmaciones de las que se compone, pero *no son* parte del argumento.

Ejemplo 8 Abuela de María: Seguro que esta noche llueve, porque hay viento del Este y me duelen todos los huesos.

Análisis Esto es un argumento. La conclusión es que esta noche lloverá. La palabra "porque" nos indica que a continuación aparecen las premisas. La palabra "seguro" nos indica lo que la abuela piensa acerca del argumento.

4 ¿Qué es un buen argumento?

Ejemplo 1   El Dr. D enseña pensamiento crítico. El Dr. D nunca usa camisa. El Dr. D tiene terror a los elefantes. Por lo tanto, el Dr. D es vegetariano.

Análisis   Este argumento es malísimo. ¿Qué tiene que ver enseñar pensamiento crítico, usar camisa o tener miedo a los elefantes con ser vegetariano?

Ejemplo 2   Los buenos profesores dan buenos exámenes. El Dr. D da buenos exámenes. Por tanto, el Dr. D es un buen profesor.

Análisis   Esto ya es mejor. Pero ¿estamos convencidos de su conclusión?

Pero no se trata solamente de que estemos convencidos. Muchas publicidades nos convencen de comprar los productos que promocionan, y muchas lo hacen sin darnos buenos argumentos. Y si un amigo está llorando porque murió su mascota, será imposible convencerlo, aunque le demos argumentos excelentes. *Un buen argumento tiene que darnos buenas razones para creer que su conclusión es verdadera.*

Bien, pero ¿qué son buenas razones?

El primer ejemplo es malo porque las premisas no tienen nada que ver con la conclusión. Sin embargo, eso no nos sirve para evaluar el segundo argumento.

El problema con el primero es que aunque todas sus premisas sean verdaderas, la conclusión puede ser falsa. Es posible que el Dr. D adore comer asado, o que su médico le recomiende comer carne, o que sea demasiado tímido para pedir una ensalada en un local de comidas rápidas... No hay nada en las premisas que nos permita descartar esas posibilidades.

El segundo argumento parece mejor, pero también hay formas en que las premisas pueden ser verdaderas y la conclusión falsa. Sus clases podrían ser insoportablemente aburridas, y podría copiar los buenos exámenes de algún libro o de otros profesores.

Argumentos débiles   Un argumento es *débil* si hay alguna manera, alguna posibilidad (verosímil), de que al mismo tiempo las premisas sean verdaderas y la conclusión sea falsa.

Si un argumento es débil, aunque sus premisas sean verdaderas, no nos da buenas razones para creer en su conclusión. Un argumento débil siempre es un *mal* argumento.

Sin embargo, para decir que un argumento es débil no es suficiente que exista una posibilidad de que su conclusión sea falsa aunque las premisas verdaderas. Tiene que ser una posibilidad *verosímil*.

Ejemplo 3   Daniel se enteró de que en la veterinaria de su barrio venden pericos. Le gustaría comprar uno para tener de mascota y sabe que en su casa hay una jaula que podría usar, pero no está seguro de que sea lo suficientemente amplia. Razona de la siguiente manera:

Todos los pericos que he visto, todos los pericos sobre los que escuché o que vi en documentales o en enciclopedias miden menos de sesenta centímetros. Por lo tanto, los pericos que venden en la veterinaria de mi barrio tienen menos de sesenta centímetros.

Análisis   Para evaluar este argumento necesitamos usar nuestra imaginación, tomar en cuenta las maneras en que las premisas podrían ser verdaderas y la conclusión, falsa. Si lo pensamos un poco, encontraremos que es posible, por ejemplo, que alguna empresa de alimentos para aves haya desarrollado un compuesto supernutritivo del que nosotros nunca oímos hablar, algo que hace que los pericos crezcan hasta tener ochenta centímetros o más. También podría ser que en esa veterinaria estén vendiendo una nueva variedad de pericos gigantes, recientemente descubierta en la selva amazónica (algo de lo que tampoco se había enterado). Y podría ser que algún desafortunado perico haya sido secuestrado por un OVNI y los extraterrestres lo hayan usado para probar su rayo agigantador de aves antes de devolverlo a la veterinaria. Y puede suceder que por esa razón ahora tengamos un perico de un metro y medio de altura. En este caso, lo que averiguamos utilizando nuestra imaginación es que el argumento *no es válido*. Pero todas estas maneras en que las premisas podrían ser verdaderas y la conclusión falsa (al mismo tiempo) son tan inverosímiles que tenemos buenas razones para creer la conclusión. Y todo esto a pesar de que sabemos que *podría* ser falsa (recordemos: es posible, aunque poco verosímil, que sea falsa).

Ejemplo 4   El pelo de María es negro. ¡Pero hoy María tiene el pelo color rojo! Seguro se acaba de teñir.

Análisis   No es *imposible* que las premisas sean verdaderas y la conclusión sea falsa: María podría haber tomado una nueva medicación con un efecto colateral por demás fuerte o podría haber estado demasiado cerca de su automóvil cuando lo estaban pintando. Pero todo eso es altamente inverosímil. A menos que alguien pueda mostrar de qué manera es verosímil que las premisas sean verdaderas y la conclusión sea falsa, diremos que en este caso la conclusión *se sigue de* las premisas.

Argumentos fuertes   Un argumento es *fuerte* si hay alguna manera, alguna posibilidad de que, al mismo tiempo, las premisas sean verdaderas y la conclusión sea falsa, pero todas esas posibilidades son inverosímiles.

Ejemplo 5   En ese colegio todos los estudiantes pagan su matrícula. Héctor estudia en ese colegio. Por tanto, Héctor paga matrícula.

Análisis   Si las premisas son verdaderas, *no hay manera* de que la conclusión sea falsa.

Argumentos válidos   Un argumento es *válido* si es imposible, al mismo tiempo, que las premisas sean verdaderas y la conclusión sea falsa. Un argumento que no es válido es *inválido*.

Los argumentos son válidos o inválidos. Pero *la **fuerza** de un argumento (inválido) es cuestión de **grado*** y depende de qué tan verosímil es que las premisas puedan ser verdaderas y la conclusión, falsa.

¿Cómo podemos mostrar que un argumento es débil? Lo que tenemos que hacer es ofrecer un ejemplo, una descripción de cómo tendría que ser el mundo para que las premisas fueran verdaderas y la conclusión, falsa. *Para razonar bien debemos utilizar nuestra imaginación.*

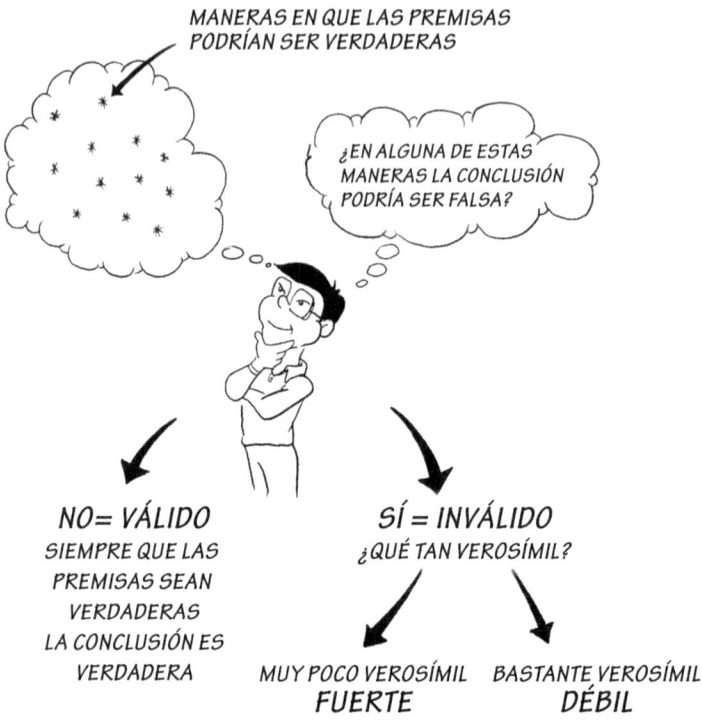

La conclusión se sigue de las premisas   Que la conclusión *se siga de las premisas* significa que el argumento es válido o fuerte.

Ejemplo 5   A nadie le gusta pagar impuestos. Así que es imposible controlar la evasión fiscal.

Análisis   Nuestra reacción ante la única (y verdadera) premisa del argumento es preguntar "¿Y?". Cuando preguntamos "¿Y?", estamos preguntando por qué razón la conclusión se sigue de las premisas, o cómo llegamos a la conclusión a partir de esas premisas.

Para que un argumento sea bueno debe ser válido o fuerte, pero eso no es suficiente.

Ejemplo 6   El primer ministro de Inglaterra es un perro. Ningún perro sabe leer. Por lo tanto, el primer ministro de Inglaterra no sabe leer.

Análisis   Aquí se parte de una premisa falsa y se llega a una conclusión falsa.

Ejemplo 7 El primer ministro de Inglaterra es un perro. Todos los perros tienen hígado. Por lo tanto, el primer ministro de Inglaterra tiene hígado.

Análisis Aquí se parte de una premisa falsa pero la conclusión es verdadera.

Si no tenemos buenas razones para creer en las premisas, no podrán darnos buenas razones para creer en la conclusión. A partir de premisas falsas podemos fácilmente derivar una conclusión falsa, pero también una conclusión verdadera (de hecho, podemos derivar cualquier cosa). Para decidir si tenemos buenas razones para creer una premisa tenemos que usar nuestro juicio.

Afirmaciones plausibles Una afirmación es *plausible* si tenemos buenas razones para creer que es verdadera. Mientras menos razones tengamos para creer que una afirmación es verdadera, menos plausible será esa afirmación. Una afirmación poco plausible también se denomina *dudosa*.

Un argumento no es mejor que la menos plausible de sus premisas.

Ejemplo 8 Susana: El Dr. D es antipático.
Wanda: ¿Por qué dices eso?
Susana: Porque no es simpático.

Análisis Susana no da razones a Wanda para creer que el Dr. D es antipático, porque "el Dr. D no es simpático" no es más plausible que "el Dr. D es antipático".

Ejemplo 9 María (a Daniel): Todos los perros tienen alma. Por eso nunca deberías maltratar a los perros.

Análisis A Daniel la conclusión le resulta plausible. Y la premisa también le parece plausible, pero no más plausible que la conclusión. Por eso el argumento de María no le da más razones para creer en la conclusión que las que tenía antes de escucharlo.

Presuponer la cuestión Un argumento *presupone la cuestión* si contiene al menos una premisa que no es más plausible que la conclusión.

Poner a prueba un argumento

Ahora podemos decir qué condiciones tienen que darse para que un argumento sea bueno.

> **Tres marcas de un buen argumento**
> - Las premisas son plausibles.
> - Las premisas son más plausibles que la conclusión.
> - El argumento es válido o fuerte.

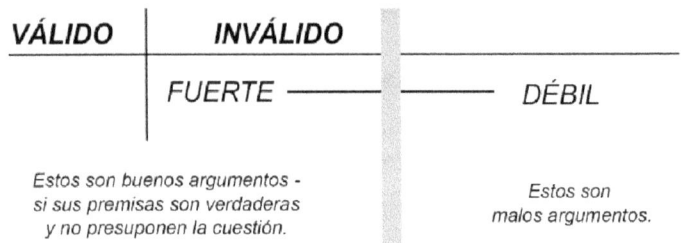

Como vimos, cada una de estas condiciones puede fallar aunque estén presentes las otras dos, y eso es suficiente para mostrar que el argumento *no es bueno*. Por eso podemos comenzar por poner a prueba cualquiera de las tres.

Por ejemplo, cuando no sabemos si las premisas son verdaderas o falsas, ¿por qué debería preocuparnos si la conclusión se sigue (o no) de ellas? Consideremos lo que sucede cuando Lisandro se presenta a solicitar una tarjeta de crédito. Llena todos los formularios y los presenta en la oficina de créditos. El encargado de la oficina lee las respuestas. Es posible que en ese mismo momento le conteste que no califica para obtener la tarjeta. Es decir, aunque no sabe si lo que Lisandro declaró es verdadero, puede ver que *aunque todo eso fuera verdadero*, a Lisandro no le aprobarían la tarjeta de crédito. Por otro lado, el encargado podría responderle que su solicitud será aprobada si sus declaraciones son verdaderas –o sea, *siempre y cuando* todo lo que declaró sea verdadero–. En ese caso, el empleado tendrá que hacer algunas llamadas telefónicas, revisar su registro de crédito, etc., para averiguar si las declaraciones efectivamente son verdaderas. Lo mismo pasa con los argumentos. A veces resulta más fácil comenzar por evaluar si la conclusión se sigue de las premisas (o sea, si el argumento es válido o fuerte), para después decidir si conviene empezar a investigar la verdad o falsedad de las afirmaciones.

Ejemplo 10   El Dr. D es profesor de Filosofía. Todos los profesores de Filosofía odian el fútbol. Por tanto, el Dr. D odia el fútbol.

Análisis   Este argumento es válido: es imposible que las premisas sean verdaderas y la conclusión, falsa. Pero es malo, porque la segunda premisa es falsa.

Ejemplo 11   Todos los perros ladran. Rodolfo es un perro. Por lo tanto, Rodolfo ladra.

Análisis   Este es un argumento válido: no hay manera de que, al mismo tiempo, las premisas sean verdaderas y la conclusión, falsa. Pero es malo, porque la primera premisa es falsa. Los Basenji no pueden ladrar y a algunos perros les cortan sus cuerdas vocales. Que un argumento sea válido o fuerte depende de la relación entre las premisas y la conclusión, no de que las premisas sean verdaderas (o falsas).
Válido ≠ Bueno.

Ejemplo 12   Cada vez que Sultán ladra, hay un gato cerca de la casa. Como ahora está ladrando, tiene que haber un gato cerca de la casa.

Análisis   Este es un mal argumento: Sultán puede estar ladrándole al camión de la basura. El argumento es válido, pero la primera premisa es falsa.

Ejemplo 13   María (a su jefe): Me dijeron que si no faltaba ningún día y si hacía horas extras, recibiría un bono. Hace tres meses que no falto un solo día, y acepté todas las horas extras que me ofrecieron, así que me merezco ese bono.

Análisis   El argumento es válido, pero no sabemos si es bueno, porque no sabemos si las premisas son verdaderas (por ejemplo, no sabemos si su jefe realmente le hizo esa promesa).

Ejemplo 14   Fiscal: El sospechoso tuvo la intención de asesinar a Luisa. Había comprado un arma tres semanas antes de dispararle. En esas tres semanas, el acusado se dedicó a mejorar su puntería, utilizando una foto de Luisa como blanco de tiro. Durante dos días hizo guardia frente a su casa, y finalmente le disparó dos veces.

Análisis   Este es un argumento fuerte. Y es bueno, *siempre y cuando* las premisas sean verdaderas.

Ejemplo 15 Todos los trabajadores de la fábrica ACME pertenecen al sindicato. Luis trabaja en esa fábrica desde hace dos años. Así que probablemente él también pertenezca al sindicato.

Análisis "Probablemente" es una expresión indicadora, que en este caso nos dice algo acerca de las creencias del hablante. Aquí la conclusión es "Luis pertenece al sindicato", y el argumento es válido – independientemente de lo que el hablante pudiera creer–.

La *fuerza* o *validez* de un argumento *no* depende de que:
- Las premisas sean o no verdaderas.
- Sepamos o no sepamos que las premisas son verdaderas.
- La persona que expone el argumento crea o no crea que el argumento es válido o fuerte.

Un buen argumento nos da buenas razones para creer en su conclusión. Pero *un mal argumento **no nos dice nada** acerca de la verdad o falsedad de la conclusión*. Un mal argumento no añade ninguna razón para que creamos que su conclusión es verdadera, pero tampoco nos da más razones para creer que *no lo es*. **Un mal argumento no muestra que su conclusión sea falsa o siquiera dudosa.**

Ahora estamos preparados para empezar a evaluar argumentos. Pero primero repasemos lo que vimos hasta aquí para asegurarnos de que entendemos cada punto y podemos aplicarlos correctamente:
- Todo buen argumento es válido o fuerte.
- No todo argumento válido o fuerte es bueno. (Puede tener premisas dudosas o presuponer la cuestión).
- Solamente los argumentos inválidos pueden ser calificados como (más) fuertes o (más) débiles.
- Todo argumento débil es malo.
- Si la conclusión de un argumento válido es falsa, alguna de sus premisas debe de ser falsa.
- Un mal argumento no nos dice nada acerca de su conclusión.

5 Evaluar premisas

Un argumento nos da buenas razones para creer una afirmación siempre que haya buenas razones para creer en sus premisas. Pero, ¿qué son buenas razones para creer en las premisas? No podemos esperar a tener un argumento en apoyo de cada afirmación antes de empezar a razonar, porque nunca comenzaríamos nunca. Deberemos aceptar algunas afirmaciones para las que no tenemos ningún argumento, y necesitamos criterios para saber cuándo es correcto hacer aceptar o rechazar una afirmación. Es importante recordar que:

No creer p ≠ Creer que p es falso
Falta de evidencia ≠ Evidencia de falsedad

Y a veces no tenemos ninguna evidencia de si una afirmación particular es verdadera o falsa, y en ese caso deberíamos suspender el juicio. Es decir, *siempre tenemos **tres opciones** a la hora de decidir si creer o no una afirmación*:

- Aceptar la afirmación como verdadera.
- Rechazar la afirmación como falsa.
- Suspender el juicio.

Criterios para aceptar una afirmación no-fundada

Nuestra fuente de información más confiable acerca del mundo es nuestra propia experiencia.

Necesitamos confiar en nuestra propia experiencia porque es lo mejor que tenemos. Todo lo demás es de segunda mano. ¿Tendrías que confiar en tu pareja, en tu sacerdote, en tu profesor o en el presidente, aunque lo que ellos afirman contradiga tu propia experiencia? Eso lleva a la demagogia, la intolerancia religiosa o a cosas peores… No es raro ver que los líderes manipulan al pueblo: ¿el partido de la oposición quiere ver el país en ruinas? Pero ¿qué hay acerca de mi vecino –integrante del partido de la oposición– que lucha por la igualdad social? Creer en la Gran Mentira implica rechazar nuestra propia experiencia. Lo repetirán una y otra y otra vez hasta que comiences a creerla, aunque tu propia experiencia diga que no es así.

"Claro, ya entiendo: *Nunca confíes en los políticos.*" Tampoco es eso. Es algo mucho más cercano. Cada rumor, cada chisme que escuchamos, tenemos que compararlo con lo que *cada uno de nosotros* sabe acerca de esa persona o situación. Por excitante o asombroso que sea, nunca debemos repetir algo antes de compararlo con lo que sabemos por nuestra propia experiencia. Buscamos la verdad. Tratamos de ser prudentes y no ser parte del murmullo de la chusma.

"¿A quién le vas a creer, a mí o tus propios ojos?"

Chico Marx

Pero no siempre debemos confiar en nuestra propia experiencia.

Ejemplo 1   El Sargento Carrizo del departamento de Policía de la ciudad de Corrientes dice: "Los testigos son terribles. Cuando llega el momento de acordarse, comienza a fallarles la memoria; nosotros intentamos ayudarlos con algunas preguntas". La policía habitualmente organiza ruedas de sospechosos, poniendo al verdadero sospechoso al lado de gente parecida, para que pueda ser identificado por los testigos. Los policías deben ser cuidadosos de no decir nada que pueda influenciar al testigo, ya que la memoria es maleable.

Ejemplo 2   (Después de un accidente). Alguien declara ante el oficial de policía que el auto de adelante no tenía encendida la luz de giro.
   Análisis   Y realmente cree que fue así, pero con la lluvia y otras distracciones es posible que no haya visto la luz de giro. El estado del mundo a nuestro alrededor puede afectar nuestra observación y hacer poco fiable nuestra experiencia personal.

Ejemplo 3   Vas al circo y ves que un mago con una sierra gigante corta una señorita por la mitad. Estabas ahí y lo viste "con tus propios ojos": tiene que ser verdadero.
   Análisis   En realidad, no crees que la señorita haya sido cortada por la mitad; y está bien que así sea, porque contradice demasiadas otras cosas que sabes acerca del mundo.

Ejemplo 4   Día tras día vemos que el sol sale por el Este y se oculta por el Oeste; o sea que el Sol gira alrededor de la Tierra.

Análisis En este caso no aceptamos nuestra propia experiencia, porque existe una larga historia, toda una teoría que explica cómo la Tierra gira en torno al Sol. Tenemos un argumento convincente que en este caso nos inclina a rechazar nuestra propia experiencia, y ese argumento está basado en otras experiencias.

- Aceptamos una afirmación si sabemos por experiencia que es verdadera.
- Rechazamos una afirmación si sabemos por experiencia que es falsa.

Excepciones Cuando tenemos buenas razones para dudar de nuestra memoria.
Cuando la afirmación contradice lo que sabemos a partir de otras experiencias y hay buenos argumentos contra ella.

Ejemplo 5 A Tomás se le pidió que describa lo que muestran las imágenes.

  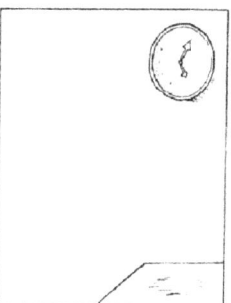

En su respuesta, Tomás escribió: "El muchacho está en la habitación y descubre un bolso sobre la mesa. Mira a su alrededor de manera furtiva y piensa que puede salirse con la suya. Lo toma y se va".

Análisis ¿Cómo sabe Tomás que el muchacho piensa que puede "salirse con la suya"? ¿Cómo sabe Tomás que el muchacho se llevó el bolso? Tomás no vio nada de eso. Tal vez pertenece a su novia, y al ver que ella se lo había olvidado, el hombre de la imagen decidió alcanzárselo. *La experiencia personal consiste en lo que cada uno percibe, no en lo que infiere a partir de ello.*

Ejemplo 6 Wanda: Los chinos son realmente inteligentes. Hay cinco de ellos en la clase de Cálculo y todos sacaron 10.

Análisis La experiencia personal de Wanda no es que todos los chinos sean realmente inteligentes, sino que su inferencia se basa en el conocimiento que tiene de cinco de ellos.

Podemos aceptar una afirmación hecha por alguien que conocemos y que confiamos que sabe acerca de un determinado tipo de afirmaciones.

Ejemplo 7 Zoe le avisa a Daniel que no conviene andar solo por el área sur de la ciudad, sobre todo entre Avenida de las Américas y General Alvarado. Ella vio gente tomando drogas y sabe de dos personas que fueron asaltadas en una esquina.

Análisis Daniel tiene buenas razones para creer en la afirmación de Zoe.

Ejemplo 8 La madre de Daniel le dice que si se especializa en análisis de mercado, siempre saldrá adelante en su vida.

Análisis ¿Daniel debería creer esto? Su madre podría contarle acerca de la exitosa carrera del hijo de alguna de sus amigas. ¿Pero cuáles son sus verdaderas oportunidades de conseguir un buen trabajo con una licenciatura en análisis de mercado? Puede ser mejor consultar la opinión de los colegas locales acerca de qué trabajos se pueden conseguir con un título de analista de mercado. Daniel no debería rechazar la afirmación, pero debería suspender el juicio hasta conseguir más información.

Podemos aceptar una afirmación si quien la hace es una autoridad reconocida y podemos confiar en que se trata de un experto en ese tipo de afirmaciones, que no tiene ningún motivo para intentar engañarnos.

Ejemplo 9 Comparemos:

- La ministra de Salud Pública anunció que fumar es perjudicial para la salud.
- El médico de la compañía tabacalera sostiene que no hay pruebas de que fumar cause cáncer de laringe.
- La ministra de Salud Pública sostiene que la marihuana debe ser legal.

Análisis La ministra es una respetada profesional con experiencia en el área de la Salud Pública. Está en condiciones de llevar adelante una investigación sobre el tema. No tenemos razones para dudar de sus buenas intenciones. Por esto, es razonable creerle.

Pero el doctor contratado por la tabacalera, ¿es un experto acerca de las muertes relacionadas con el hábito de fumar, o es un alergista, o tal vez un pediatra? Y él sí tiene motivos para engañarnos. Por lo que no hay razones para aceptar sus afirmaciones.

No hay razones para aceptar la afirmación de la ministra de Salud Pública sobre lo que debería ser legal o ilegal. Aunque ella es una autoridad en materia de salud, no lo es en leyes y sociedad. Además, en una democracia nadie tiene autoridad para decidir *por sí mismo* cómo deberían ser las leyes –las reglas que *todos* estamos obligados a obedecer–. Para tratar de ponernos de acuerdo sobre reglas justas *siempre* deberemos argumentar y tratar de razonar juntos.

Podemos aceptar una afirmación extraída de una revista u otra fuente reconocida.

Ejemplo 10 The New England Journal of Medicine es una publicación frecuentemente citada en los diarios, y por buenas razones. Sus artículos son examinados por expertos que evalúan si las investigaciones han sido realizadas de acuerdo a estándares científicos adecuados. Tenemos menos razones para confiar en *National Geographic*, porque esa publicación financia sus propias investigaciones, y su motivación es vender más revistas. ¿Qué hay de *Scientific American*? ¿Sus artículos son revisados por pares o comisionados? Lo importante es que la organización sea seria y que sus métodos sean reconocidamente confiables. Cualquiera puede fundar una organización y llamarla "Instituto Americano para el Análisis del Calentamiento Global" o como más le guste, pero eso es nada más que un nombre, y un nombre no es suficiente...

Podemos aceptar una afirmación que provenga de un medio usualmente confiable y sin motivos para engañarnos, si la persona citada es nombrada.

En cada caso nos toca a cada uno decidir a partir de nuestra propia experiencia si una fuente es confiable o no. No confíes en una información que intenta tomar esa decisión en tu lugar, por ejemplo, cuando un artículo cita "fuentes usualmente confiables", pero sin aclarar cuáles son. Evidentemente, esas fuentes no son ni siquiera tan confiables como la persona que las cita, que además pretende cubrirse utilizando la palabra "usualmente". Si se trata de una fuente confiable, el periodista debería poder presentar los documentos o citar las declaraciones relevantes. De otra manera, no es más que un rumor, que generalmente se echa a rodar en la esperanza de influenciar la opinión del público. Nunca hay buenas razones para creer una afirmación de una fuente no identificada.

También hay que tener en cuenta que las fuentes pueden estar sesgadas en favor de sus anunciantes. Tenemos que preguntarnos: "¿Quién se beneficia de que yo crea esto?".

No existen reglas absolutas que nos digan cuándo aceptar, cuándo rechazar y cuándo suspender el juicio respecto de una afirmación. Es más bien una habilidad: la capacidad de sopesar la importancia de cada uno de estos criterios para cada caso particular.

Criterios para evaluar afirmaciones no fundadas

Aceptar: Cuando la afirmación es conocida por experiencia personal.

Excepciones: En los casos en que nuestra memoria no es una guía confiable; cuando existe un buen argumento contra lo que nosotros pensamos que fue nuestra experiencia; cuando no se trata de nuestra experiencia sino de lo que inferimos a partir de ella.

Rechazar: Cuando la afirmación es conocida como falsa por experiencia personal.

Rechazar: Cuando la afirmación contradice otras afirmaciones que sabemos que son verdaderas.

Aceptar: Cuando la afirmación es hecha por alguien en quien confiamos y de quien sabemos que conoce sobre el tema.

Aceptar: Cuando la afirmación es hecha por una respetada autoridad sobre el asunto, a la que podemos considerar un experto sobre este tipo de afirmaciones y de quien no tenemos motivos para pensar que nos quiere engañar.

Aceptar: Cuando la afirmación aparece en una publicación especializada reconocida u otra fuente confiable.

Aceptar: Cuando la afirmación aparece en un medio usualmente confiable, que no tiene motivos para engañarnos, siempre y cuando la persona citada sea nombrada.

No hay criterios sobre cuándo debemos suspender el juicio. Pero esa es la actitud que deberemos tomar por defecto cuando no encontremos buenas razones para aceptar o rechazar una afirmación. Antes que nada, la experiencia personal es nuestra mejor guía. Cuando se trata de lo que cada uno de nosotros conoce mejor, deberíamos tener más confianza en nosotros mismos que en cualquier otra persona. No confíes en otros más que en ti mismo respecto de lo que más conoces.

Ejemplo 11 "Agentes de policía y de viajes están perplejos por la actitud mostrada por algunos conductores que dejan de lado el sentido común y prefieren seguir ciegamente las indicaciones de sus equipos de geo-localización GPS, siguiendo rutas que a veces los han dejado varados en carreteras inhóspitas llenas de nieve. Como ejemplos, señaló el caso de un conductor que giró a la derecha siguiendo las indicaciones de su GPS y tuvo que ser sacado de las vías ferroviarias por las autoridades. En otro caso, un conductor quedó casi suspendido al borde de un acantilado."

Diario Hoy, La Plata, 17/04/12

Análisis ¿Cómo es que alguien confía más en su GPS que en sus propios ojos que están viendo un camino intransitable?

Publicidad

Los avisos publicitarios están hechos para convencerte de la verdad de la afirmación (muchas veces implícita) de que deberías comprar un producto, frecuentar cierto local o utilizar determinado servicio. Algunas veces las afirmaciones son exactas, y otras veces, no; pero no hay nada de especial en ellas. Deberíamos juzgarlas según los mismos criterios que hemos estado considerando.

Si piensas que deberías ser más estricto para evaluar las publicidades, no estás juzgando las otras afirmaciones de manera suficientemente cuidadosa.

Ejemplo 12 "Nuevo jabón chino de algas, adelgazante y ultra seductor." Reducir medidas solo requiere de una buena ducha. Adelgaza, reduce tus medidas y hace desaparecer la celulitis mientras te bañas."
Cartel publicitario en un negocio "naturista".

Análisis ¿En serio? ¿Se espera que creamos que porque es un "jabón de algas" nos ayudará a adelgazar o que hará "desaparecer la celulitis" después de una sola ducha? ¿O se supone que la razón es que "viene de la China"? Para poder hacernos una idea de si realmente funciona necesitaríamos saber, por ejemplo, qué estudios apoyan los supuestos resultados. Si no se nos ofrece ninguna otra evidencia, las premisas resultan poco plausibles, y por eso no ofrecen ningún apoyo a la conclusión (no enunciada) de que las personas que se preocupan por su peso o por la celulitis deberían comprar este milagroso producto.

Ejemplo 13 "*Wendy's*. Nuestra carne es fresca. Nunca congelada."
Análisis ¿Y? ¿Tenemos que creer que fresco siempre es mejor?

Ejemplo 14 En el envase de una bebida para deportistas enumeran sus virtudes; una de ellas dice "Estudiada por la ciencia".

Análisis ¿En qué consiste el ser "estudiada por la ciencia"? ¿Y cuáles fueron las conclusiones de esos "estudios"? ¿Debemos pensar que esto le reporta algunas virtudes? ¿Por qué pensar que el contacto con la ciencia mejora las cosas? ¿Se trata de la apelación a la creencia común?

Internet

Pregúntate a ti mismo qué razones tienes para creer algo que lees en internet. La próxima vez que estés frente a la pantalla de tu computadora, dispuesto a maravillarte con las nuevas fotos del chupacabras, o cuando estés a punto de hacerle caso a ese mensaje de correo electrónico que te asegura que si lo reenvías a diez personas alguna importante empresa donará dinero para pagar el trasplante de un pobre niño africano, trata de imaginarte qué sucedería si se lo contaras a tus amigos y ellos te preguntaran "¿Realmente te creíste eso?".

Ejemplo 15 Tomás: La marihuana lo puede ayudar a que le vuelva a crecer el cabello.
Dr. D: ¿Y cómo te enteraste de eso?
Tomás: Lo leí en Wikipedia.

Análisis Los artículos de Wikipedia están redactados por miles de voluntarios que ingresan información, y que revisan y corrigen los aportes de los demás usuarios, pero como no hay forma de saber quién escribió qué, no es una fuente confiable. Para lo que Wikipedia sí puede ser útil es para empezar a orientarnos sobre dónde encontrar fuentes confiables (los buenos artículos incluyen referencias a fuentes reconocidas).

Ejemplo 16 "Samsung le pagará una deuda millonaria a Apple con monedas. La empresa surcoreana Samsung no tuvo mejor idea que pagarle una multa de mil millones de dólares a Apple con monedas de 5 centavos, ya que la corte no detalló cómo debía ser el pago tras perder un juicio en contra de las patentes de Apple en Estados Unidos.

Es así que hoy por la mañana llegaron un poco más de 30 camiones llenos con monedas de cinco centavos al local de Apple en Cupertino."

Diario Uno, 28/08/2012
https://www.diariouno.com.ar/economia/samsung-le-pagara-una-deuda-millonaria-apple-monedas-20120828-n125873.html

Análisis El 24 de agosto de 2012 un tribunal de San José (California, USA) dictaminó que Samsung debía pagar más de mil millones de dólares a Apple por violación de las patentes de su modelo de dispositivo móvil (iPhone). El 27 de agosto de 2012, un portal mexicano publicó esta "noticia" acerca del curioso pago de Samsung, en la que se reportaba la llegada de camiones cargados de monedas a las oficinas de Apple, e incluso se citaban las supuestas declaraciones del CEO (director ejecutivo) de Samsung. La nota fue reproducida en cientos de páginas y foros de internet. Pero ¿se trata de una fuente confiable? Veamos. En el mismo sitio pueden leerse historias como la siguiente: "Lanzan un nuevo reloj despertador que 'casi siempre falla' para que tengas pretexto en el trabajo". Si los medios que reprodujeron la noticia se hubieran tomado el trabajo de revisar el Aviso Legal* del sitio, o si simplemente se hubieran molestado en ir al final de la página, se habrían encontrado con la siguiente declaración de sus editores: "El Deforma: Estamos dispuestos a inventar con tal de que te rías, y a la vez somos muy honestos… Honestamente, todo es mentira."

*"El contenido de este sitio es para uso recreativo y no pretende mal informar a nadie. Todos nuestros artículos son obra de la imaginación de los escritores y no aluden a la realidad. En caso de que algún artículo ofenda a alguien estamos en la total disposición de quitarlo."
https://web.archive.org/web/20120920134730/http://eldeforma.com/nosotros

Errores comunes al evaluar afirmaciones

Ejemplo 17   Tomás: Todos los CEO de las compañías de software son ricos. Bill Gates es CEO de una compañía de software. Por lo tanto, Bill Gates es rico.
   Susana: Sí, como dice el Dr. D, ese es un argumento válido. Y por supuesto que Bill Gates es rico (la revista *Forbes* dice que es una de las personas más ricas del planeta). Así que supongo que todos los CEO de las compañías de software también lo son.
   Análisis   Susana reconoce que el argumento de Tomás es válido (aunque recordemos que *argumento válido ≠ buen argumento*). Pero Susana *invierte la dirección del razonamiento*. Un argumento debería convencernos de que su conclusión es verdadera, no de que las premisas son verdaderas. Hay muchos CEO de pequeñas compañías de software a quienes a duras penas les alcanza para sobrevivir.

> ***Invertir la dirección del razonamiento***   La falacia de *invertir la dirección del razonamiento* consiste en razonar que, dado que un argumento es claramente válido o fuerte y su conclusión es verdadera, las premisas también deben ser verdaderas.

Algunas veces tenemos buenas razones para creer que una afirmación porque es expresada por una autoridad. Pero es un error aceptar una afirmación cuando la persona no es una autoridad en el tema del que se trata, o cuando tiene motivos para engañarnos: eso es una **mala apelación a la autoridad**.

Ejemplo 18   Zoe: ¿Qué piensan acerca del nuevo plan de financiamiento de proyectos científicos que presentó ayer la presidente?
   Tomás: Que es muy malo. Reducirá fondos a la asistencia social. Lo dijeron en el noticiero de *TN*.
   Lisandro: Es muy bueno. Logrará el autoabastecimiento de medicamentos. Lo leí en *Página/12*.
   Análisis   No todo lo que dicen o publican los medios es verdad.

Aunque está bien suspender el juicio acerca de una afirmación si no te parece que la persona que la hace es una autoridad competente, ***nunca es correcto creer que una afirmación es falsa debido a quién la dice***. Eso es **confundir la persona (o grupo de personas) con la afirmación**.

Ejemplo 19 Tomás: Yo no creo que el nuevo acuerdo sobre el calentamiento global ayude en algo al medioambiente. Es otra de las mentiras de nuestro presidente.
Daniel: ¡Vamos! No puede ser falso solamente porque lo dice el presidente. Ni siquiera los políticos no mienten todo el tiempo.
Análisis Tomás está confundiendo la persona con la afirmación. Solo hay una manera de evaluar si debemos aceptar o rechazar una determinada afirmación, y es reflexionar acerca de ello –no podemos tomar atajos–.

Ejemplo 20 Tomás: No hay escasez de agua aquí en Santiago del Estero. Eso es solo otra de las pavadas que dicen los ambientalistas.
Análisis En este caso Tomás está confundiendo el grupo con lo afirmado.

Una **apelación a la creencia común** consiste en aceptar una afirmación como verdadera (o tratar de que otros la acepten) solo porque muchas personas la creen. Generalmente, se trata de una mala apelación a la autoridad.

Ejemplo 21 Leandro: ¡Por supuesto que los OVNI existen! Hay millones de personas en todo el mundo que creen en los OVNI, miles de páginas de internet y cientos de convenciones internacionales sobre el tema. ¿Te parece que todas esas personas pueden estar equivocadas?
Análisis Esto es una apelación a la creencia común. Es simplemente una mala apelación a la autoridad.

Los fanáticos de las teorías conspirativas suelen razonar que solo porque algo es posible, es verdadero. Piensan que el hecho de que algo *podría* suceder, y de que hay personas que se beneficiarían si creyéramos lo contrario, es una buena razón para creer que es verdadero. Pero sabemos que **posibilidad no es plausibilidad** (posible ≠ plausible).

Ejemplo 22 Tomás: La supuesta llegada a la Luna es un fraude. Los estadounidenses filmaron todo en un estudio de cine. Les convenía que todos lo creyeran, porque tenían que mostrar que su tecnología era superior a la de la Unión Soviética. Y una noticia como esa sirve para vender muchos diarios, así que había buenos motivos para que los periodistas no preguntaran demasiado.

Susana: Sí, es lo más probable. Los estadounidenses siempre quieren hacernos creer que son los mejores en todo. Y los periodistas escriben cualquier cosa con tal de que les paguen. Ahora estoy convencida de que fue todo una estafa.

Análisis   Si la teoría conspirativa de Tomás convence a Susana, eso es gracias a sus prejuicios y su paranoia. Recuerda, que algo sea *posible* no lo hace *plausible*.

Una historia interesante es solo eso: una historia; debe ser investigada. Necesitamos evidencia antes de creerla. Existen conspiraciones reales, como cuando los ex integrantes del gobierno de facto de 1976 (en la Argentina) intentaron cubrir los asesinatos, las torturas y las desapariciones de personas. Pero con las conspiraciones reales podemos estar seguros que la evidencia eventualmente saldrá a la luz.

"Tres pueden guardar un secreto, pero solo si dos de ellos están muertos."

Benjamin Franklin

Otros errores similares al evaluar argumentos

Es un error decir que un argumento es malo simplemente por quién lo dice. Es el error de **confundir la persona o grupo con el argumento**.

Ejemplo 23   Zoe: En la última clase el profesor Zzzyzzx nos dio consejos de escritura creativa. Él sostiene que el mejor modo de empezar a escribir una novela es hacer una estructura de su desarrollo.

Susana: ¿Es broma? Si él nunca ha publicado nada. Además es extranjero, y siempre comete muchos errores de ortografía.

Análisis   Susana está confundiendo la persona con el argumento. El argumento del profesor Zzzyzzx puede ser bueno aunque Susana no lo crea capaz de escribir una novela.

Para **refutar** un argumento hay que mostrar que es malo. Cuando alguien señala que la persona que está argumentando no cree alguna de las premisas de su propio argumento, sospechamos que el argumento no puede ser muy bueno. Pero no demostramos nada, por eso es una **refutación falaz**. Recordemos que la sinceridad no es uno de los criterios para que un argumento sea bueno. Para evaluar si un argumento es bueno o malo *no es necesario* tener en cuenta la sinceridad de quien lo expone. Cuando evaluamos un argumento basados en la sinceridad del hablante, estamos *confundiendo a la persona con el argumento*.

Ejemplo 24   Mamá: Hay que lavarse los dientes por lo menos dos veces al día, porque eso evita la formación de caries y previene enfermedades en las encías.
Tiago (8 años): ¡Mentira! ¡Ustedes nunca se lavan los dientes antes de ir a la cama! (apuntando a sus padres). ¡Listo! Tu argumento queda *refrutado*. ¡Y ahora no me lavo nada!

Análisis   Podemos pensar que Tiago tiene razón al rechazar el argumento, porque las acciones de su madre parecen ir en contra de la conclusión de la que quiere convencerlo. Pero podría suceder, por ejemplo, que sus padres se cepillen los dientes después de que él ya se haya ido a la cama. Y aunque no fuera así, eso tampoco es suficiente para afirmar que es un mal argumento. Tiago tiene ocho años y todavía no pudo leer este libro: no sabe que nunca estamos justificados en rechazar la conclusión basándonos *únicamente* en lo que hace o deja de hacer quien ofrece el argumento. Por simpática que pueda parecernos, esta es una refutación falaz.

Que una afirmación sea verdadera o falsa no depende de quién haga la afirmación.
Que un argumento sea bueno o malo no depende de quién lo formule.

"Una persona inteligente reflexiona acerca de las palabras que oye, y no acerca de quién las dice. Si las palabras son verdaderas, las aceptará sin importarle si vienen de un sabio o de un mentiroso. Se puede extraer oro del lodo, hermosas flores nacen de los bulbos más ordinarios, y el remedio para el veneno también se extrae de la serpiente."

        Abd-el-Kader, Estadista musulmán
        argelino, 1858

Siempre deberíamos preguntar "¿por qué?". Siempre deberíamos preguntar "¿Y?" ("¿y con eso qué?", "¿y, por lo tanto…?")

Solo deberíamos considerar como autoridad a aquellas personas cuyo discurso indica que saben de lo que hablan, y cuya conducta indica honestidad. Nunca creas que alguien es una autoridad solo por la posición que ocupa (en una institución, un grupo o una empresa). Muchos tontos han llegado a puestos importantes. Y más de uno se las ha arreglado para prosperar (lo único que se necesita es la suficiente ambición, obstinación o pura suerte). Pero recuerda que si intentamos ser honestos y si buscamos la sabiduría, a la larga llegaremos más lejos.

No creas algo únicamente porque te resulta cómodo. Si solo nos preocupamos por la comodidad y no estamos dispuestos a enfrentar nuevos desafíos, llegará un momento en que no será necesario hacer ningún esfuerzo, porque ya no tendremos libertad para buscar la verdad. Demasiado empeño en no cambiar las cosas pude hacer que terminemos esclavizando la verdad (y esclavizándonos a todos en el proceso).

Si estás en duda, conviene suspender el juicio. El que busca el conocimiento siempre es más sabio que el dogmático.

"Sobrellevar la incertidumbre es difícil, pero también lo son la mayoría de las otras virtudes. Existe una disciplina apropiada para aprender cada virtud, y para aprender a suspender el juicio la más apropiada es la filosofía."

Bertrand Russell, *Philosophy for laymen*, 1946

6 Reparar argumentos

Argumentos que necesitan reparación

La mayoría de los argumentos con los que nos encontramos no están completos. Pero si pensamos un poco veremos que muchos argumentos incompletos pueden ser buenos.

Ejemplo 1 Lisandro: Tomás quiere comprarse un perro.
María: ¿De qué raza?
Lisandro: Un perro salchicha (*dachshound*). Eso es bastante tonto, porque quiere que le sirva para atrapar el *frisbee*.

Análisis Lisandro expuso el siguiente argumento: Tomás quiere un perro capaz de atrapar un *frisbee*; por lo tanto, no debería comprarse un perro salchicha. Este argumento nos parece malo porque ***no liga las premisas con la conclusión*** (le falta "pegamento"); no hay ninguna afirmación que nos lleve de la premisa a la conclusión. Pero María sabe, al igual que nosotros, que un perro salchicha es una pésima elección si uno quiere un perro capaz de atrapar un *frisbee*. Son demasiado bajos, no corren rápido, no pueden saltar, y un *frisbee* es más grande que ellos... ¡ni siquiera podrían traerlo de vuelta! Cualquier animal con esas características sería una mala elección como compañero de *frisbee*. Lisandro simplemente dejó fuera todas estas afirmaciones, ¿por qué tendría que molestarse en enunciarlas?

Muchas veces, las personas dejan cosas afuera de sus argumentos. Si a la hora de evaluar qué es lo que deberíamos creer solo prestáramos atención a lo que dicen, nos estaríamos perdiendo demasiado. Podemos y debemos reparar muchos argumentos. ¿Pero cuándo está justificado añadir una premisa? ¿Cómo sabemos si acabamos de repararlo o simplemente le estamos agregando nuestras propias ideas? ¿Y cómo identificar un argumento que no puede ser reparado? Para eso, primero tenemos que presuponer algunas cosas acerca de la persona que ofrece un argumento.

> **Principio de Discusión Racional** Presuponemos que la persona que discute con nosotros o cuyo argumento estamos leyendo:
>
> 1. Sabe acerca del tema en discusión.
> 2. Puede y desea razonar bien.
> 3. No está mintiendo.

Sabemos que la mayor parte del tiempo no se cumplen estas condiciones. ¿Por qué deberíamos invocar este principio? Consideremos la condición (1). El Dr. D deja su auto en el taller mecánico porque está funcionando mal. Esa tarde, cuando vuelve al taller, el mecánico le dice que hay que remplazar el inyector de combustible. El Dr. D pregunta: "¿Está seguro de que es necesario?". Esto parece una invitación a que el mecánico ofrezca un argumento en defensa de su afirmación. Pero no debería hacerlo, porque el Dr. D no tiene ni la menor idea de cómo funciona un motor –para él todo esto es como si le estuvieran hablando en griego–. El mecánico tendría que tomarse el trabajo de explicarle al Dr. D cómo funciona un motor o debería pedirle que acepte su afirmación por confianza; después de todo, él es una autoridad en el tema.

Consideremos la condición (2). A veces las personas no están tratando de razonar bien. Por ejemplo, el político demagogo o el anfitrión de un programa de entrevistas, que quieren convencerte por otros medios y que no aceptarían tus argumentos por buenos que fueran. No tiene sentido debatir con ellos.

O tal vez encuentres a una persona que temporalmente no puede o no quiere razonar bien, por ejemplo, alguien que está enojado o enamorado. En estas ocasiones tampoco tiene sentido tratar de razonar con ellos. Hay que intentar calmarlos, tener en cuenta sus emociones y dejar la discusión para otro momento.

También puede pasar que te encuentres con alguien que sí quiere razonar correctamente, pero que no es capaz de seguir un argumento. ¿Para qué intentar razonar con esa persona? Lo mejor sería regalarle este libro.

¿Y qué pasa con la condición (3)? Si descubrimos que nuestro interlocutor está mintiendo –no solo alguna que otra "mentira piadosa", sino que miente todo el tiempo–, no tiene sentido tratar de razonar con él.

El Principio de Discusión Racional no nos pide que otorguemos el beneficio de la duda a nuestros interlocutores. Simplemente resume las condiciones necesarias para que podamos razonar con alguien. Comparémoslo con jugar al ajedrez. ¿Quién quiere jugar al ajedrez con alguien que no comprende las reglas, o que no puede o no quiere seguirlas? A pesar de todo, la mayoría de las personas no se preocupan por respetar el Principio de Discusión Racional. No les importa si un argumento es bueno. Pero entonces, ¿por qué deberíamos seguir estas reglas y presuponer que los demás también las siguen? Porque, si no lo hacemos,

- Estaremos negando los principios básicos de la democracia.
- Estaremos debilitando nuestra propia habilidad para evaluar argumentos.
- Será menos probable que podamos convencer a los demás.

"Si una vez decepcionas la confianza de tus conciudadanos, jamás podrás recuperar su respeto y su estima. Es verdad, puedes engañar a todos parte del tiempo; puedes incluso engañar a algunos todo el tiempo; pero no puedes engañar a todos todo el tiempo."

Abraham Lincoln

Ejemplo 2   Daniel (a Susana): Los gatos son mascotas realmente peligrosas.¿Ves? Lo dice esta revista médica, que enumera todas las enfermedades que puedes contraer de los gatos, hasta esquizofrenia, dicen. Sabemos que muchos de tus amigos tienen alergia a los gatos. ¿Y recuerdas que Bepo rasguñó a Zoe la semana pasada? No lo vas a negar...
Susana: Está bien, está bien. Te creo. Estás razonando bien, como el Dr. D. Pero aun así no creo que los gatos sean mascotas peligrosas.

Análisis   Susana reconoce que Daniel expuso un buen argumento en apoyo de su afirmación de que los gatos son mascotas peligrosas, pero no está dispuesta a creer esa conclusión. No es que esté suspendiendo el juicio. Sencillamente se niega a razonar cuando se trata de sus queridos gatos.

La Marca de la Irracionalidad   Si alguien acepta que un argumento es bueno, es irracional de su parte no aceptar la conclusión.

No vale la pena intentar razonar con alguien que está siendo irracional.

Por otro lado, a veces oímos un argumento a favor de una posición, y después un argumento por la posición contraria, y no podemos encontrar un error en ninguno de los dos. En ese caso deberíamos suspender el juicio hasta que hayamos podido investigar más. No es irracional suspender el juicio si no estás seguro.

Guía para reparar argumentos

El Principio de Discusión Racional puede ayudarnos a formular una guía para reparar argumentos:

Guía para reparar argumentos Dado un argumento que parece ser defectuoso, estamos justificados en agregar una premisa o conclusión:
1. Si esa premisa hace que el argumento sea válido o más fuerte.
2. Si esa premisa nos resulta plausible y le resulta plausible a la otra persona.
3. Si esa premisa es más plausible que la conclusión.

También podemos eliminar una premisa falsa o dudosa si al hacerlo no debilitamos el argumento.

Como presuponemos que la persona que ofrece el argumento es capaz de razonar bien, podremos añadir una premisa solo si esa premisa hace que el argumento resulte válido o más fuerte, y si no lo transforma en una petición de principio (es decir, si no presupone la cuestión). Y dado que presuponemos que no está mintiendo y que tiene conocimiento sobre el tema, cualquier premisa que agreguemos debe ser plausible, para nosotros y para ella. También podemos eliminar una premisa que hace que el argumento resulte más débil –después de todo, nadie es perfecto–. En general, podemos eliminar cualquier afirmación que debilite el argumento, porque en ese caso la premisa es irrelevante.

Para encontrar una afirmación que refuerce o haga válido un argumento no es necesario que sepamos qué es lo que estaba pensando la persona que lo enuncia, y por eso la condición (1) tiene prioridad por sobre (2). Si tratamos de que su argumento resulte válido o fuerte desde el primer momento, le haremos ver qué es lo que necesita presuponer para tener un buen argumento.

Ejemplo 3 Ningún perro maúlla. Por lo tanto, Sultán no maúlla.

Análisis "Sultán es un perro" es la única premisa que haría que este argumento resultara válido. Añadamos esa premisa. Si esta nueva afirmación es plausible, el argumento es bueno. No añadimos "Sultán ladra". Eso es verdadero y puede parecer obvio para la persona que enunció el argumento, pero no lo mejora de ninguna forma, por eso, agregarlo viola la condición (1) de nuestra guía. Solo reparamos lo que es necesario reparar.

Ejemplo 4 Casi todos los perros ladran. Por lo tanto, Sultán es un perro.

Análisis La única premisa obvia que podríamos añadir es "Sultán ladra". Y eso puede ser verdadero, pero el argumento sigue siendo débil: Sultán podría ser un zorro, un lobo marino o un coyote (otros animales que también ladran). Si después de añadir la premisa más obvia, el argumento sigue siendo débil, es irreparable.

Ejemplo 5 El Dr. D es un buen profesor porque toma exámenes justos.

Análisis La premisa que necesitaríamos para convertirlo en un buen argumento sería "Casi cualquier profesor que tome exámenes justos es buen profesor". Pero esto es dudoso, porque un mal profesor podría copiar sus exámenes de un manual. Este argumento no puede repararse, porque la premisa más obvia que podríamos añadir para hacerlo válido o fuerte es falsa o dudosa.

Pero, ¿no podríamos reforzar el argumento añadiendo, por ejemplo, "El Dr. D da buenas explicaciones", "El Dr. D es divertido", "El Dr. D nunca falta a clase"…? Sí, todas esas afirmaciones son verdaderas, y puede que resulten obvias para quien expone el argumento. Pero al agregarlas no lo estaríamos reparando; estaríamos ofreciendo un argumento completamente diferente. La máxima es: *no pongas palabras en boca de otros*.

Ejemplo 6 Seguramente aprobarás el curso de inglés. Después de todo, estás pagando la matrícula.

Análisis Este argumento es débil –y efectivamente se trata de un argumento: la última oración se ofrece como una razón para creer la primera–. Pero no hay ninguna reparación obvia; es falso que cualquiera que pague por un curso aprobará ese curso. Esta persona aparentemente no puede razonar. No se molesten en reparar el argumento.

Ejemplo 7 No deberías fumar. ¿No sabes que el tabaco es malo para tu salud?

Análisis La primera oración es la conclusión. ¿Pero cuáles son las premisas? La pregunta que aparece en este argumento es una pregunta retórica, que deberíamos interpretar como una afirmación: "El tabaco es malo para tu salud". Pero esto no sería suficiente para obtener la conclusión. Necesitamos algo como "El tabaco que fumas contiene nicotina y alquitrán" y "La nicotina y el alquitrán son dañinos para tu salud". Premisas como estas resultan tan obvias que no nos molestamos en decirlas. Con esos agregados obvios, el argumento es bueno.

Ejemplo 8 Daniel: Los perros son leales. Los perros son amigables. Los perros pueden protegerte de los ladrones.
María: ¿Y?
Daniel: Que los perros son mascotas excelentes.
María: ¿Y cómo se sigue una cosa de la otra?

Análisis María tiene razón. Al argumento de Daniel le falta ligazón (el pegamento del que hablamos antes). Le falta ese vínculo entre las premisas y la conclusión que sirve para eliminar otras posibilidades, y que en este caso sería algo así como "Cualquier animal leal, amigable y que puede protegerte de los ladrones, es una mascota excelente". Pero eso es precisamente lo que María piensa que es falso: los perros necesitan mucho espacio para correr, hay que sacarlos a caminar todos los días, y cuesta más dinero mantener un perro que un hámster, por ejemplo. Dar una lista de verdades obvias no nos garantiza que podamos llegar a la conclusión a partir de esas premisas.

Ejemplo 9 ¿Vas a votar por el candidato del Partido Obrero? ¿No te das cuenta de que eso es desperdiciar tu voto?

Análisis También en este caso se trata de preguntas retóricas, formuladas con la intención de que las tomemos como afirmaciones: "No deberías votar por el candidato del Partido Obrero" sería la conclusión, y "Estarías malgastando tu voto" sería la premisa. Esto suena razonable, pero falta algo. Un extranjero recién llegado al país podría no saber que "El candidato del Partido Obrero no tiene ninguna posibilidad de ganar la elección" es una afirmación verdadera. Pero también podría preguntarse por qué razón tendría que importarle. Deberíamos completar un poco más el argumento: "Si votas por alguien que no tiene ninguna posibilidad de ganar la elección, estarás malgastando tu voto". Y al añadir esta afirmación nos damos cuenta de que los argumentos que utilizan este tipo de premisas "obvias" en realidad no son buenos. ¿Por qué deberíamos creer que votar por alguien que no tiene posibilidades de ganar la elección es malgastar nuestro voto? Si eso fuera verdad, el único resultado importante sería quién resulta ganador (quién es electo para el cargo o quién obtiene más cargos). Pero una elección también puede servir, por ejemplo, para permitir que los candidatos comuniquen al electorado una determinada posición o alternativa política para las siguientes elecciones. Como mucho, podríamos decir que, una vez que añadimos las premisas no enunciadas, obtendríamos un argumento con una premisa de cuya verdad solo se nos podría convencer, a su vez, mediante algún otro un argumento. Al tratar de reparar un argumento podemos encontrar afirmaciones implícitas que es necesario debatir.

Ejemplo 10   Los gatos transmiten más enfermedades dañinas para los humanos que los perros. Los gatos matan canarios y pueden matar mascotas de otras personas. A la noche, los gatos molestan con el ruido que hacen al revolver la basura. Los gatos dejan huellas en los autos y, si los dueños se descuidan, también duermen sobre los autos. Los gatos son menos simpáticos que los perros, y los únicos que tienen gatos como mascotas son solteronas resentidas o personas con afinidades satánicas. Por lo tanto, debería haber una ley que obligue a mantenerlos con correa o en el domicilio de sus dueños, como la hay en el caso de los perros.

Análisis   Esta carta al editor viene bastante bien hasta que llegamos a la anteúltima oración. Esa afirmación es un tanto dudosa y el argumento no se vería debilitado sin ella. Deberíamos eliminarla. Así tendríamos un argumento que (una vez añadidas las premisas no enunciadas) resulta bastante bueno.

Ejemplo 11   El alcoholismo es una enfermedad, no un defecto de carácter. Los humanos están genéticamente predispuestos a la adicción al alcohol. Un alcohólico no debe ser despedido o encarcelado, sino puesto bajo tratamiento. Deben pues establecerse centros específicos donde sean tratados, pues es muy difícil sobreponerse a la adicción por sus propios medios. Para ayudarlos son necesarios el estímulo y los consejos de otros, así los alcohólicos encontrarán en sí mismos el poder necesario para luchar y vencer a su adicción.

Análisis Pareciera que "El alcoholismo es una enfermedad, no una falla en el carácter de esas personas" y "los alcohólicos encontrarán en sí mismos el poder necesario para luchar y vencer a su adicción" son afirmaciones que se contradicen. Y como ambas son utilizadas para respaldar la conclusión ("Deben establecerse centros específicos donde sean tratados"), ninguna de ellas puede ser eliminada. Dado que no pueden ser ambas verdaderas, el argumento es irreparable.

Ejemplo 12 "En un famoso discurso, Martin Luther King Jr. decía: Tengo un sueño: que un día esta nación se pondrá en pie y realizará el verdadero significado de su credo: 'Sostenemos que estas verdades son evidentes por sí mismas: que todos los hombres han sido creados iguales'. Tengo un sueño: que un día incluso el estado de Mississippi, un estado sofocante por el calor de la injusticia, sofocante por el calor de la opresión, se transformará en un oasis de libertad y justicia. Tengo un sueño: que mis cuatro hijos vivirán un día en una nación en la que no serán juzgados por el color de su piel sino por el contenido de su carácter.

…King también está presentando un argumento lógico, que podría enunciarse de la siguiente manera; 'América fue fundada sobre el principio de que todos los hombres son creados iguales. Esto implica que la gente no debería ser juzgada por el color de su piel –que es solo un accidente de su nacimiento– sino por lo que ellos hacen de sí mismos ('el contenido de su carácter'). Para ser coherente con este principio, América debería tratar a negros y blancos de la misma manera'"

David Kelly, *The Art of Reasoning*

Análisis Al rescribir este pasaje, Kelly está poniendo palabras en boca de otros. ¿De dónde obtiene la premisa "Esto implica que…? Decir cuál es mi sueño y tener la esperanza de que otros lo compartan no constituye un argumento. Martin Luther King Jr. sabía cómo argumentar bien, y podía hacerlo cuando esa era su intención. Pero pretender que estas palabras son un argumento no las hace más respetables. Recuerda: no todo buen intento de persuadir es un argumento.

Ejemplo 13 Tomás: No deberíamos permitir que los ambientalistas nos digan qué hacer. No deberíamos permitir que el gobierno nos diga qué hacer. Por lo tanto, deberíamos permitir la tala de las selvas vírgenes.

Análisis Tomás confunde la cuestión de si tenemos el derecho a talar la selva virgen con la cuestión de si *deberíamos* hacerlo (o no). El argumento es débil. En efecto, podríamos eliminar cualquiera de las premisas y no lo debilitaríamos en lo más mínimo. Las premisas son irrelevantes para la conclusión.

Ejemplo 14 "Los ciudadanos norteamericanos son espíritus independientes y generalmente no les gusta que los obliguen a hacer algo. Por ello el carácter obligatorio de la Seguridad Social ha sido controvertido desde el principio del programa. Muchos conservadores argumentan que la Seguridad Social debería ser voluntaria en lugar de obligatoria."

J.M. Broux y J.L. Cowen, *Economic Issues and Policy*

Análisis Las dos primeras oraciones parecen formar un argumento. Pero la primera resulta demasiado vaga como para ser una afirmación, y no hay ninguna manera obvia de hacerla más precisa. Por ello, este ejemplo no puede ser considerado como un argumento, y no deberíamos tratar de convertirlo en uno.

Ejemplo 15 María (a Daniel): Sigue siendo difícil estacionar en la Facultad de Humanidades de la U.N.L. De cuatro a siete de la tarde es muy difícil encontrar lugar para estacionar –hablé con amigos, y a todos nos toma alrededor de diez minutos, y a veces más–. Y eso que tenemos la tarjeta para utilizar el estacionamiento adicional. Sin ella, estaríamos todo el día buscando un lugar, o terminaríamos por estacionar en la calle, esperando que no nos hagan una multa. La facultad debería construir más estacionamientos.

Análisis Daniel está de acuerdo con todos los presupuestos de María. Pero aun así se pregunta: "¿Y?". Hay muchas formas en las que todas esas afirmaciones podrían ser verdaderas sin que la conclusión sea verdadera. Puede ser que la Universidad del Litoral quiera alentar el uso del transporte público; puede que carezca de fondos para construir más estacionamientos o que la facultad tenga un plan de desarrollo que le impida construir más estacionamientos… Necesitaríamos agregar alguna afirmación general, pero no hay ninguna que resulte obvia y plausible; por lo tanto, no podemos reparar este argumento.

Ejemplo 16 (a) En 1997 los inversores invirtieron más del doble de dinero en fondos mutuos de inversión sin comisiones que en cualquier otro tipo de fondo de inversión mutuo. Por lo tanto, (b) en 1997 los inversores prefirieron mayoritariamente los fondos mutuos de inversión sin comisiones.

Análisis   Generalmente invocamos algún tipo de evidencia objetiva como (a) para llegar a la conclusión subjetiva (b). Pero para contar con un buen argumento a favor de (b) necesitaríamos alguna premisa como "Cuando invierten dinero en un fondo, las personas muestran que lo prefieren sobre aquel en el que no invierten", lo que resulta plausible y lo transforma en un buen argumento. Esa afirmación subjetiva sirve de enlace entre la conducta observada y el estado mental inferido. Muchas veces para obtener un buen argumento necesitamos de una presuposición no enunciada que sirva de enlace entre la conducta observada y el pensamiento de los agentes.

Argumentos irreparables

Hemos visto ejemplos en los que está claro que el argumento es malo y no tiene sentido intentar repararlo. Hagamos un resumen de cuáles son esas condiciones.

> *Argumentos irreparables*   Un argumento es irreparable si se da alguna de las siguientes condiciones:
> - Cuando no se trata de un argumento.
> - Cuando no hay ninguna premisa obvia que podamos añadirle.
> - Cuando contiene una premisa falsa o dudosa que no puede ser eliminada.
> - Cuando la premisa más obvia que podríamos añadir no hace que el argumento sea más fuerte.
> - Cuando la premisa más obvia que podríamos añadir para que el argumento resulte válido o más fuerte no es plausible.
> - Cuando la conclusión es claramente falsa.

Pero hay que recordar que *cuando mostramos que un argumento es malo, no estamos demostrando que la conclusión sea falsa*. Un mal argumento no nos dice absolutamente nada acerca de su conclusión.

Implicar e inferir

Ejemplo 16 Diego (16 años): No voy a votar en las elecciones para intendente, porque, gane quien gane, nadie va a hacer nada por reparar las calles de esta parte de la ciudad.

Análisis Para comprender lo que Diego está diciendo necesitamos añadir la siguiente afirmación no enunciada: "Si, independientemente de quién salga elegido, las calles no serán reparadas, no deberías votar para intendente". Inferimos esta afirmación de lo que Diego dijo. Con sus palabras Diego pretendió *implicar* esa afirmación.

Cuando alguien deja la conclusión sin enunciar, la está ***implicando***. Cuando decidimos que la conclusión es una afirmación no enunciada, la estamos ***infiriendo***.

Ejemplo 17 Lisandro: ¿Qué te parece este ejercicio?
María: ¿Para qué lo hiciste? El profesor no lo había pedido.
Lisandro: El Dr. D dijo que sus mejores estudiantes entregan los ejercicios opcionales para obtener créditos extra.
María: Entonces yo también tendría que hacer alguno.
Análisis El Dr. D no dijo que sus estudiantes *deben* entregar trabajos extra para obtener buenas notas. Pero Lisandro y María lo infirieron: piensan que el Dr. D implicó esa conclusión.

Ejemplo 18 Si Lisandro se quejara ante el jefe de departamento porque el Dr. D exige más que lo que aparece en el programa, el Dr. D podría replicar que Lisandro está sacando conclusiones precipitadas. El Dr. D podría afirmar: "Lo único que dije fue que había notado que mis mejores estudiantes entregan trabajos para obtener créditos extra. No era mi intención exigir trabajos extra." Sin embargo, Lisandro podría decir que en el contexto en el que el Dr. D realizó su comentario resultaba bastante obvio lo que estaba implicando: que para ser considerado como un buen estudiante, debía entregar trabajos extra. Implicar e inferir pueden ser cosas arriesgadas.

Ejemplo 19 "Un miembro del parlamento de Pakistán se mantuvo firme en su posición este mes de agosto, al defender los reportes periodísticos de la provincia de Baluchistán que afirmaban que cinco mujeres fueron enterradas vivas como parte de un castigo tribal por oponerse a que sus familias eligieran a sus maridos. Desafiante, y a pesar de la condena de sus colegas, Israr Ullah Zehri declaró ante *Associated Press* que 'Son tradiciones centenarias, y continuaré defendiéndolas. Solo deben temer quienes perpetran actos inmorales', dijo."

New York Daily News –AP, 30/08/2008

Análisis De lo dicho por Zehri podemos inferir que él cree que si alguien actúa de acuerdo a una tradición centenaria, sus actos son moralmente aceptables. Eso es lo que implicó.

7 Contraargumentos

Contraargumentos

Una parte importante de argumentar y evaluar argumentos es hacer objeciones y responder a las objeciones que nos hacen las otras personas.

Ejemplo 1 Daniel: Deberíamos comprar otro perro.
Zoe: ¿Qué hay de malo con Sultán?
Daniel: Digo, para hacerle compañía a Sultán.
Zoe: Ya nos tiene a nosotros. No necesita que le hagan compañía.
Daniel: Pero nosotros pasamos mucho tiempo fuera de casa. Y él siempre se escapa, porque se siente solo. No le dedicamos suficiente tiempo. Debería poder salir a correr más seguido.
Zoe: ¡Pero otro perro nos daría mucho trabajo! Tendríamos que alimentarlo, y llevaría mucho tiempo entrenarlo.
Daniel: Lo puedo entrenar yo. Lo podemos alimentar al mismo tiempo que a Sultán, y la comida para perros es barata. No sería mucho gasto.

Análisis Daniel intenta que Zoe acepte la afirmación: "Deberíamos comprar otro perro". Pero tiene que responder a las objeciones de Zoe:
Deberíamos comprar otro perro.
(*objeción*) Ya tenemos a Sultán.
El perro le hará compañía a Sultán. (*respuesta*)
(*objeción*) Sultán ya nos tiene a nosotros para eso.
Nosotros pasamos mucho tiempo fuera de la casa. (*respuesta*)
Siempre se escapa. (*respuesta*)
Se siente solo. (*respuesta*)
No le dedicamos suficiente tiempo. (*respuesta*)
Debería poder salir a correr más seguido. (*respuesta*)
(*objeción*) Tener otro perro sería mucho trabajo.
(*objeción*) Tendríamos que alimentarlo.
(*objeción*) Tomaría mucho tiempo entrenarlo.
Lo entrenaré yo (Daniel). (*respuesta*)
Podemos alimentarlo al mismo tiempo que a Sultán. (*respuesta*)
El alimento para perros es barato. (*respuesta*)

Argumento. Contraargumento. Contra-contraargumento. Cuando alguien presenta una objeción a nuestro argumento, está haciendo una afirmación que, de ser verdadera, muestra que alguna de nuestras afirmaciones es falsa o dudosa, o que nuestro argumento es inválido o es débil.

En esos casos tendremos que responder a su desafío, defender nuestro argumento. Al rebatir una objeción estamos ofreciendo un miniargumento dentro del argumento para contrarrestarla; y si ese miniargumento no es bueno, no podrá cumplir su cometido.

Pero razonar bien no tiene nada que ver con ganar o perder. La respuesta a una objeción podría ser "No lo había pensado, puede ser que tengas razón", o también "No lo sé. Tendré que pensar en ello."

Cuando damos un argumento, queremos que sea fuerte. Quizá estamos convencidos de tener un gran argumento: para nosotros, todas las premisas son evidentes y nos parece que de esas premisas se sigue la conclusión. Pero si tratamos de imaginar qué objeciones podría hacernos nuestro interlocutor, veremos cómo podríamos mejorarlo: por ejemplo, podemos ofrecer mejor apoyo a las premisas, o hacer que resulte más claro que es válido o fuerte. Si, al momento de redactar un texto, nos ocupamos de responder a los posibles contraargumentos del lector, le estamos mostrando que no pasamos por alto las objeciones más obvias. Para hacerlo, para ver qué objeciones debemos tener en cuenta y cómo responder a ellas. Podemos hacer una lista de las ventajas (o posiciones a favor) y las desventajas (o posiciones en contra) de nuestra conclusión.

Refutar un argumento

Para refutar un argumento podemos utilizar lo que aprendimos sobre cómo mostrar que un argumento es *irreparable*. Hay tres maneras que son fundamentales.

> *Maneras directas de refutar un argumento*
> - Mostrar que al menos una de las premisas es falsa o dudosa.
> - Mostrar que el argumento es inválido o débil.
> - Mostrar que la conclusión es falsa.

Ejemplo 2 Es inútil matar moscas. Solo alcanzarás a las más lentas, mientras que las más veloces se te escaparán. A la larga, los genes de las moscas más veloces terminarán por predominar. Así, cuando las moscas sean superveloces, será imposible matarlas. Por lo tanto, es inútil matar moscas.

Para refutar este argumento tendríamos que objetar alguna de sus premisas; por ejemplo, diciendo que no estarías matando a las moscas *más lentas*, sino que simplemente estarías matando a las moscas que entraron a tu casa.

También podríamos aceptar las premisas, pero hacer notar que "a la larga" puede significar "miles de años a partir de hoy", y que por eso la conclusión no se sigue de las premisas.

Otra estrategia sería atacar directamente la conclusión. Podríamos mostrar que de hecho matamos moscas todo el tiempo. Y lo hacemos por muchas razones que nos siguen pareciendo excelentes a pesar de las que ofrece este argumento: por ejemplo, para mantener la casa limpia (y porque a nadie le gusta vivir en una casa llena de moscas).

Pero también hay una manera indirecta de refutar argumentos. Recordemos que si un argumento válido tiene una conclusión falsa, alguna de sus premisas es falsa.

Si un argumento fuerte tiene una conclusión falsa, alguna de sus premisas es probablemente falsa. Y si la conclusión es absurda, las premisas no son adecuadas.

> ***Reducir al absurdo*** *Reducir al absurdo* es mostrar que al menos una de las premisas del argumento es falsa o que, tomadas en conjunto, son inaceptables, mostrando que llevan a una conclusión falsa o absurda.

Ejemplo 3 Tomás: En España, en el País Vasco, insisten en hablar euskera; y en Barcelona todo el mundo habla catalán, como si fuera lo más natural del mundo. Y acá en Argentina, por ejemplo, en Corrientes y en Misiones, hay mucha gente que habla guaraní, como si tal cosa... ¿No se dan cuenta de que son los únicos que entienden esos idiomas tan raros? ¿Será que no quieren que uno entienda lo que dicen? Deberían hablar castellano y listo. Así los entendería mucha más gente y los tomarían más en serio.

Lisandro: Es cierto. Ahora que lo pienso... ¿Para qué seguir hablando castellano? ¿No hay mucha más gente que habla inglés? La mayoría de las páginas de internet están en inglés, las publicaciones científicas están en inglés y casi todas las películas que pasan en el cine vienen de los Estados Unidos. ¡Listo, me convenciste! Si queremos que nos tomen en serio, tendremos que olvidarnos de este idioma tan raro.

Análisis   Lisandro está reduciendo al absurdo el argumento de Tomás. Partiendo de las mismas premisas, llega a una conclusión que sabe que Tomás no aceptará.

Ejemplo 4   Usted se queja de que los impuestos ya son demasiado altos y se queja de que hay demasiado crimen. Y dice que deberíamos encerrar de por vida a quienes son condenados por tres delitos. Pero esa política no ha logrado reducir el número de crímenes en los lugares en los que se implementó. Si lo hiciéramos, habría mucha más gente que pasaría el resto de su vida en la cárcel. Necesitaríamos más cárceles, y habría que contratar más personal. Habría que hacerse cargo de los gastos de salud de todos los presos ancianos. Por lo tanto, si encerráramos a todos los que comenten tres delitos, aumentarían muchísimo los impuestos. Pero como usted insiste en que los impuestos ya son demasiado altos, debería renunciar a su afirmación.

Análisis   La persona que ofrece el argumento está mostrando que la afirmación "Los impuestos son muy altos y no deberían aumentar" se contradice con la afirmación "Deberíamos encerrar de por vida a quienes han sido condenados por tres crímenes".

Cuando utilizamos este tipo de refutación indirecta, debemos asegurarnos de estar utilizando un buen argumento para obtener la conclusión falsa o absurda. Si no lo hacemos, es posible que la contradicción provenga de las afirmaciones que *nosotros mismos* estamos agregando.

Ejemplo 5   Zoe: No puedo creer que estés comiendo esas papas fritas. Creía que estabas tratando de cuidar tu salud.
Daniel: Pero en el paquete dice "0% de colesterol".

Análisis   Daniel cree que ha refutado la afirmación no enunciada (de Zoe) de que las papas fritas son malas para la salud. Pero su refutación presupone que los alimentos sin colesterol no pueden ser malos para la salud, y esa afirmación es falsa.

Una manera de reducir al absurdo un argumento es utilizando premisas similares para exponer un argumento que parece idéntico al original, pero del que se sigue una conclusión absurda.

Ejemplo 6 Tu argumento a favor de no matar moscas es malo. Podríamos utilizar el mismo argumento para decir que no debemos ocuparnos de matar a las bacterias. Pero la conclusión sería absurda.

Ejemplo 7 Un estadounidense pregunta en las Naciones Unidas qué opina de la internacionalización de la Amazonia a un ministro de Brasil, aclarando que esperaba la respuesta de un humanista, no de un brasileño. Esta fue la respuesta:
"Realmente, como brasileño, *solo hablaría en contra de la internacionalización de la Amazonía*. Por más que nuestros gobiernos no cuiden debidamente ese patrimonio, él es nuestro. Como humanista, sintiendo el riesgo de la degradación ambiental que sufre la Amazonía, puedo imaginar su internacionalización, como también de todo lo demás, que es de suma importancia para la humanidad.

Si la Amazonía, desde una ética humanista, debe ser internacionalizada, internacionalicemos también *las reservas de petróleo del mundo entero*. El petróleo es tan importante para el bienestar de la humanidad como la Amazonía para nuestro futuro. A pesar de eso, los dueños de las reservas creen tener el derecho de aumentar o disminuir la extracción de petróleo y subir o no su precio.

También, antes que la Amazonía, me gustaría ver la internacionalización de *los grandes museos del mundo*. El Louvre no debe pertenecer solo a Francia. Cada museo del mundo es el guardián de las piezas más bellas producidas por el genio humano. No se puede dejar que ese patrimonio cultural, como es el patrimonio natural amazónico, sea manipulado y destruido por el solo placer de un propietario o de un país. No hace mucho tiempo, un millonario japonés decidió enterrar, junto con él, un cuadro de un gran maestro. Por el contrario, ese cuadro tendría que haber sido internacionalizado.

Durante ese encuentro, las Naciones Unidas estuvo realizando el Foro Del Milenio, pero algunos presidentes de países tuvieron dificultades para participar, debido a situaciones desagradables surgidas en la frontera de los Estados Unidos. Por eso, creo que Nueva York, como sede de las Naciones Unidas, debe ser internacionalizada. Por lo menos Manhattan debería pertenecer a toda la humanidad. De la misma forma que París, Venecia, Roma, Londres, Río de Janeiro, Brasilia... cada ciudad, con su belleza específica, su historia del mundo, debería pertenecer al mundo entero.

Si los Estados Unidos quieren internacionalizar la Amazonía, para no correr el riesgo de dejarla en manos de los brasileños, peruanos, colombianos, ecuatorianos, bolivianos, etc., internacionalicemos *todos los arsenales nucleares*. Basta pensar que ellos ya demostraron que son capaces de usar esas armas, provocando una destrucción miles de veces mayor que las lamentables quemas realizadas en los bosques de nuestra selva.

Como humanista, acepto defender la internacionalización del mundo; pero, mientras el mundo me trate como brasileño, *lucharé para que la Amazonia, sea nuestra. ¡¡¡Solamente nuestra!!!*"

Análisis Este (fragmento de) argumento nunca fue dado en ningún contexto real: es imaginario. Su autor –sea quien sea– refuta el argumento de internacionalización de la Amazonia ofreciendo una reducción al absurdo.

Ejemplo 8 ¿Afirmas que deberíamos dejar que organices peleas de gallos porque se trata de una tradición de la cultura hispánica de Nuevo México? En algunos lugares del país, los matrimonios arreglados con niñas de doce años eran una tradición. También lo era el maltratar a las mujeres. Pero ya no hacemos esas cosas porque, al igual que las peleas de gallos, las consideramos crueles y poco razonables.

Análisis Esta refutación por analogía va un paso más allá. Ofrece una afirmación general que muestra que deberíamos aceptar lo opuesto a la conclusión: no deberíamos permitir que persistan tradiciones que consideramos crueles o irracionales.

También hay muchas maneras inadecuadas de refutar un argumento. Ya hemos visto las *refutaciones falaces*: la peor de ellas consiste en **ridiculizar al oponente**. Esto hace imposible continuar la discusión, muestra desprecio por nuestros interlocutores, y solo sirve para hacer enemigos.

Ejemplo 9 Dr. D: Me cuentan que eligieron a una mujer como jefa de tu departamento.

Prof. Taturelli: Efectivamente. Ahora estamos discutiendo seriamente para el protocolo si deberíamos llamarla "Sr. Jefa", "Sra. Jefe", o "Persona a cargo de la jefatura".

Dr. D: ¿"Persona a cargo de la jefatura"? ¿Por qué no términos todavía más neutrales como, por ejemplo, "Animal racional a cargo de la jefatura", o mejor, "Bípedo implume en funciones de jefatura"?

Análisis No se ha ofrecido ningún argumento que muestre que no debería remplazarse "jefe" por "persona a cargo de la jefatura", pero el Dr. D cree haber mostrado que se trata de una idea ridícula.

Por último, hay otra manera de no tomar en serio los argumentos de cualquier interlocutor. Consiste en ofrecer una representación injusta de su posición, *poner palabras en su boca*. Se lo llama *falacia del espantapájaros* porque, si inventamos un argumento claramente débil o inválido –un "espantapájaros"–, nos resultará sencillo "derribarlo".

Ejemplo 10 Tomás: Si no permitimos la tala de bosques naturales, estaremos destruyendo la industria maderera, se perderían muchos puestos de trabajo y desaparecerían muchas ciudades que viven de ella.

Daniel: ¿Estás diciendo que no te importa la extinción de la fauna de los bosques, que no te importa lo que pase con nuestros ríos y con el agua que bebemos?

Tomás: Yo no dije nada de eso. Estás tergiversando mi posición.

Análisis Cuando alguien tergiversa nuestra posición, cuando alguien ofrece un "espantapájaros" en lugar de confrontar nuestros argumentos, la única respuesta razonable es aclarar "Yo no dije eso".

8 Afirmaciones encubiertas

A veces las personas intentan que aceptemos que una determinada afirmación es verdadera sin reflexionar sobre ella. Un *ardid* es un intento de convencer utilizando palabras que encubren una afirmación dudosa. Las definiciones persuasivas son ardides. Las **preguntas capciosas** también son ardides, porque presuponen alguna afirmación dudosa.

Ejemplo 1 Lisandro: Eh! ¿Qué ocurre? ¿Por qué tienes esa cara?
Susana: Estoy esperando… ¿Cuándo vas a disculparte por lo que hiciste anoche?
Lisandro: ¿Por qué debería hacerlo? Estás asumiendo que actué mal, pero yo creo que me comporté perfectamente bien.
Análisis Susana hizo una pregunta capciosa. Lisandro le respondió mostrándole que su pregunta presupone una afirmación no enunciada (que él no acepta).

Ejemplo 2 Daniel: ¿Por qué todas las mujeres manejan tan mal?
Zoe: No. No todas manejamos mal.
Análisis Zoe respondió a la pregunta capciosa de Daniel negando su afirmación no enunciada ("Todas las mujeres manejan mal").

Un **eufemismo** es una palabra o frase que hace que algo parezca *mejor* que si utilizáramos una descripción neutral; un **disfemismo** hace que parezca *peor*.

Ejemplo 3 "El culto de esa imagen nos ha llevado a una profusión de eufemismos. Un grupo de cambiantes militares se encarama al poder y nos maltrata durante unos siete años; esa calamidad se llama el proceso. Los terroristas arrojaban sus bombas; para no herir sus buenos sentimientos, se los llamó activistas. El terrorismo estrepitoso fue sucedido por un terrorismo secreto; se lo llamó la represión. Los mazorqueros que secuestraron, que a veces torturaron y que invariablemente asesinaron a miles de argentinos, obtuvieron el título general de fuerzas parapoliciales."
J.L. Borges, "La hipocresía argentina", *Clarín*, 1984

Análisis Esta es una lista de eufemismos familiares a argentinos y americanos del sur, aunque deberíamos aclarar que en este caso el autor no siempre acompaña cada eufemismo con una descripción neutral.

Ejemplo 4 "Por tanto, el lenguaje político está plagado de eufemismos, peticiones de principio y vaguedades oscuras. Se bombardean poblados indefensos desde el aire, sus habitantes son arrastrados al campo por la fuerza, se balea al ganado, se arrasan las chozas con proyectiles incendiarios: y a esto se le llama 'pacificación'. Se despoja a millones de campesinos de sus tierras y se los lanza a los caminos sin nada más de lo que puedan cargar a sus espaldas: y a esto se le llama 'traslado de población' o 'rectificación de las fronteras'. Se encarcela sin juicio a la gente durante años, o se le dispara en la nuca o se la manda a morir de escorbuto en los campamentos madereros del Ártico: y a esto se le llama 'eliminación de elementos no dignos de confianza'."

George Orwell, *La política y el idioma inglés*, 1946

Análisis En este ejemplo, el autor hace un esfuerzo por contrastar cada eufemismo con una descripción neutral.

Ejemplo 5 La caravana fue atacada por combatientes de la libertad.

Análisis "Combatientes de la libertad" es un eufemismo, que encubre la afirmación de que los guerrilleros son buena gente que lucha por la liberación de su país y para obtener la libertad de sus compatriotas.

Ejemplo 6 La caravana fue atacada por terroristas.

Análisis "Terroristas" es un disfemismo, que encubre la afirmación de que los guerrilleros son malas personas, que ejercen violencia sobre los civiles y que solo sirven a sus propios intereses partisanos, carentes de apoyo popular.

Ejemplo 7 En varios países continúa la despiadada masacre de focas para la confección de tapados de piel.

Análisis "Despiadada masacre" es un disfemismo, "acopiamiento" sería un eufemismo, "matanza" sería una descripción neutral.

Ejemplo 8 "La bomba mediática les explotó en la cara a las autoridades de los Estados Unidos cuando, en medio de sus denuncias de maltrato de prisioneros estadounidenses en las prisiones enemigas, se revelaron fotos que mostraban que los soldados estadounidenses habían incurrido en abusos a los detenidos de Abu Ghraib, una prisión en las afueras de Bagdad."

Associated Press, 26/12/2005

Análisis El sesgo de esta publicación es evidente: la mención a la "bomba mediática" que "explotó en la cara" de las autoridades estadounidenses es un eufemismo para decir que los intentos por lesionar la reputación de sus enemigos terminaron perjudicando seriamente su propia reputación. La expresión "incurrir en abusos (de prisioneros)" es un eufemismo para "tortura (de prisioneros)".

Ejemplo 9 La página de principal del sitio de internet del Laboratorio Nacional de Los Álamos (LNLA) permite elegir entre los siguientes ítems: *Ciencia e innovación, Colaborar, Carreras, Comunidad, Medio ambiente.*

Análisis Toda esta página (http://www.lanl.gov/) es un eufemismo que funciona como una distracción. Si no supiéramos de antemano que el LNLA (*Los Alamos National Laboratory*) es uno de los centros de investigación en armamento nuclear más importante de los Estados Unidos, podríamos llegar a pensar que se trata de una institución dedicada únicamente a la investigación de las aplicaciones más inocentes de la energía nuclear (como la mejora general de la calidad de vida, la reducción de la dependencia energética de combustibles fósiles, etc.)

Un *atenuador* es una frase o una palabra cuya función es minimizar la importancia de una afirmación; un *aumentador* es una palabra o expresión que exagera esa importancia.

Ejemplo 10 Zoe: Mamá, te tengo noticias excelentes. Me las ingenié para aprobar mi primer examen de francés.

Mamá: ¿Así que "aprobaste"? ¿Y nada más?

Análisis Zoe intenta aumentar la importancia de su logro, "me las ingenié" encubre la afirmación "fue un gran esfuerzo aprobar". Su madre atenuó la afirmación de Zoe agregando "¿y nada más?" para encubrir la afirmación de que su hija no tiene derecho a esperar ningún elogio de su parte si no consiguió una buena calificación (no solo la necesaria para aprobar).

Ejemplo 11 "Estudios realizados entre los estudiantes de secundaria de Nuevo México muestran que el 60% tuvo sexo antes de graduarse, y solo un 12 por ciento de ellos se mantuvieron célibes hasta el casamiento."

Albuquerque Journal, 13/01/2005

Análisis ¿"Solo"? ¿No podríamos sorprendernos de que haya *tantos* jóvenes que decidan esperar hasta el casamiento para mantener relaciones sexuales?

Ejemplo 12 "Idiomáticas: Pedazo (fragmento, parte) como aumentativo. Pedazo de animal: grandísimo animal."

Adolfo Bioy Casares, *Descanso de caminantes, Diarios íntimos*, 2001

Análisis Este es un caso curioso de aumentativo, donde una palabra referida a la parte opera como aumentativo.

Una *argucia* es una afirmación en la que, a lo que en principio parece ser su significado se le agregan las calificaciones suficientes como para que desaparezca su significado original.

Ejemplo 13 Garantizamos que si compra la *Guía Breve para el Pensamiento Crítico* usted será capaz de conseguir un trabajo con un sueldo 25% mayor que el promedio de los salarios de la región.*

(*) *La garantía se aplica únicamente a quienes se comprometan a estudiar este libro cuatro horas diarias durante doce años.*

Ejemplo 14 "Hijo mío, la felicidad está hecha de pequeñas cosas: Un pequeño yate, una pequeña mansión, una pequeña fortuna…"
"Desde que recibí su libro no he parado de reír; en cualquier momento comienzo a leerlo."

Groucho Marx

Análisis Estas son dos argucias evidentes, pues están destinadas a hacer reír. Pero el mecanismo general es el mismo: lo que sigue a la primera afirmación va contra su significado original, habitual o intuitivo.

Ejemplo 15 "En la página 122, el doctor Castro ha enumerado algunos escritores cuyo estilo es correcto; a pesar de la inclusión de mi nombre en ese catálogo, no me creo del todo incapacitado para hablar de estilística."

J. L. Borges, "Las alarmas del Doctor Américo Castro", 1952

Análisis Aunque estas afirmaciones pretenden ser amables y descriptivas, es fácil ver que en realidad se trata de algo muy diferente...

Ejemplo 16 Dr. D: Mis mayores defectos son decir siempre lo que pienso, ser demasiado perfeccionista y esforzarme mucho en mi trabajo.

Análisis ¡Pero ser sincero, trabajador y cuidadoso son *virtudes*, no defectos! Seguramente habrán escuchado este tipo de argucias en las declaraciones de personas famosas, que dan respuestas de este tipo para encubrir que en realidad no tienen ningún interés en contarnos sus defectos. De hecho, esta argucia es *tan* conocida y evidente que, si alguien la utiliza en una entrevista laboral, es casi seguro que no obtendrá el empleo. Lo más probable es que el Dr. D esté haciendo una broma, o tenga ganas de sentirse famoso por un rato…

Hablamos de un **sustituto de demostración** cuando alguien intenta convencer a su interlocutor (o a su audiencia) de que acaba de ofrecer una demostración en apoyo de sus afirmaciones, aunque en realidad no ha ofrecido ninguna.

Ejemplo 17 Dr. D (a Susana): Los gatos no razonan. Es algo evidente para cualquiera que se ponga a pensarlo. Has pasado mucho tiempo en compañía de esos animalitos, y ya deberías saber muy bien que tengo razón. Por supuesto que algunas personas se dejan engañar por sus emociones y les parece que los felinos tienen algún tipo de inteligencia, sobre todo si se trata de sus propias mascotas.

Análisis Aunque la manera en que el Dr. D presenta sus afirmaciones ayuda a darles la apariencia de que está demostrando algo, de ninguna de sus afirmaciones se sigue la conclusión de que los gatos no razonan. El Dr. D simplemente se limita a repetir la primera afirmación, tratando de intimidar a Susana para que crea que es verdadera. Por eso utiliza las expresiones "es evidente que…", "deberías saber que…", "las personas se dejan engañar".

Ejemplo 18 Susana: ¡Por supuesto que los gatos razonan! Está completamente demostrado.

Análisis A menos que Susana pueda indicar cuáles son los estudios que muestran que los gatos pueden razonar, esto también es un sustituto de demostración.

El *ridículo* es una forma particularmente antipática de sustituto de la demostración. ¿A quién se le puede ocurrir que es una buena manera de razonar? ¡Ja! Es tan mala que parece un chiste...

Ejemplo 19 Ah, claaaro... Ahora resulta que los gatos razonan... ¿Por qué no le pides a Bepo que te ayude con la tarea de Lógica?

Otra forma de ocultar que carecemos de apoyo para alguna afirmación es tratar de *invertir la carga de la prueba*.

Ejemplo 20 Tomás: La universidad estatal debe ser gratuita.
María: ¿Por qué?
Tomás: ¿Y por qué no?

Análisis Tomás no ofreció ninguna razón para pensar que la afirmación "La universidad estatal debe ser gratuita" es verdadera. Lo único que hizo es desafiar a María a que diga por qué cree que su negación es falsa, para después atacar esa segunda afirmación –lo que es más sencillo que ofrecer razones en favor de su afirmación original.

Ejemplo 21 Daniel: ¡Increíble! ¿Cómo puede haber gente que todavía se oponga a la legalización de la marihuana?

Análisis Una manera muy común de tratar de invertir la carga de la prueba es hacer una pregunta que presupone un juicio compartido por el interlocutor. Ese juicio puede ser –y muchas veces *no es otra cosa que*– algún estereotipo o prejuicio muy extendido. Pero eso es precisamente lo que deberíamos debatir.

Ejemplo 22 Zoe: ¡No lo puedo creer! ¿Cómo puede haber personas que todavía no entienden que todas las drogas son peligrosas?

Los siguientes son algunos ejemplos de cómo las personas intentan encubrir sus afirmaciones.

Ejemplo 23 "Una de las cosas buenas de estar de lleno dentro del siglo XXI es que la ciencia y la tecnología están por fin dando pasos de avance en la cura de muchos de los males que han afectado a la humanidad casi desde su aparición sobre la tierra. Hace poco vimos el descubrimiento de una posible vacuna definitiva contra todos los tipos de resfriados (gripe), avances en la cura de varios tipos de cáncer y ahora lo que muchos han estado esperando por siglos: *la cura definitiva de la calvicie.*"

Fuente: http://www.domadis.com, 2011

Análisis Esto presupone que la calvicie es una enfermedad, algo que necesita una cura.

Ejemplo 24 Tomás: Leí *Memorias de Adriano*, de Marguerite Yourcenar, y me pareció excelente. Es tan bueno que cualquiera diría que lo escribió un hombre.

Análisis Tomás intenta encubrir su mala opinión acerca de la literatura escrita por mujeres –sin mucho entusiasmo, ni demasiado éxito–…

Ejemplo 25 "Las rubias no son tontas: son lentas. BERLÍN. Un tranquilizador estudio muestra que las mujeres rubias no son más tontas que las morenas o las pelirrojas, solo les toma más tiempo procesar la información, tardan más en reaccionar a los estímulos y tienden a retener menos información durante períodos cortos de tiempo que el resto de las mujeres.

'Esto debería bastar para dar por tierra con el prejuicio instaurado de que las rubias son cabezas huecas', afirma la Dra. Andrea Stenner, una rubia socióloga que se dedicó a estudiar a más de tres mil mujeres para su tesis doctoral."

Weekly World News, 15/10/1996

Análisis Este es un ejemplo de fingir que estamos diciendo una cosa mientras mostramos lo contrario (y tratamos de que nadie se dé cuenta).

Ejemplo 26 "*Trapitos sin control.* Ayer, el cruce de las avenidas Del Libertador y Sarmiento, en pleno corazón de Palermo, fue un verdadero caos. Ocurrió que, desde el mediodía, la zona del zoológico y la Rural fue literalmente 'tomada' por los populares 'trapitos', una situación que LA NACION ya había relevado en su edición del último martes, donde se consignaba que los automovilistas pagan hasta $ 30 por estacionar en lugares que debieran ser gratuitos.

Así, en la jornada de ayer los 'trapitos' permitieron el estacionamiento hasta en la rotonda del Monumento de los Españoles, en el medio de las avenidas y sobre las veredas de los parques. Sin policías en la zona, cruzar por allí fue una misión casi imposible después del mediodía, donde se formaron largas filas de automóviles y se produjeron grandes embotellamientos. Más tarde, para quitar a los automóviles mal estacionados, se hicieron presentes las grúas de la Ciudad. Lo curioso es que no hubo prevención ni controles sobre los cuidacoches ni el tránsito."

"Trapitos sin control", *La Nación*, 29/07/ 2013

Análisis Si describimos como "caos" las consecuencias de una inundación en la ciudad o de un choque de trenes, decir que "largas filas de automóviles" y "grandes embotellamientos" son "un verdadero caos" no parece ser una descripción neutral. Se trata de un *disfemismo* (una hipérbole). Una descripción más neutral podría ser "grandes dificultades para transitar en automóvil por la zona". Y, suponiendo que el tránsito haya sido particularmente difícil, ¿eso hace que transitar por la zona sea "una misión casi imposible"? Algo es imposible o no lo es, agregar la palabra "casi" es una argucia que hace que esa palabra ya no signifique absolutamente nada. ¿Y qué quiere decir el artículo cuando afirma que la zona ha sido "literalmente 'tomada'"? Es otra argucia del redactor. Las comillas suelen indicar que la expresión está siendo *mencionada* (no *usada*), como cuando usamos una expresión de manera figurativa (es decir, *no literal*). ¿En qué quedamos?

No deberías tratar de convencer a los demás mediante afirmaciones encubiertas porque, entre otras cosas, es una estrategia muy fácil de desbaratar. Tu oponente ni siquiera tendrá que molestarse en atacar tu razonamiento: le bastará con señalar que estás intentando confundir a las personas. Pero si razonas bien y con calma no solamente te ganarás el respeto de los demás, es probable que descubras que *ellos también merecen tu respeto*.

9 Falacias

Algunos argumentos son típicamente malos porque utilizan una premisa falsa o que normalmente es dudosa. Por ejemplo, la falacia del trazado de límites siempre incluye alguna premisa del tipo de "Si no puedes precisar exactamente la diferencia, no hay ninguna diferencia". La falacia subjetivista requiere de algo como "Si hay gran desacuerdo acerca de la verdad de una afirmación, entonces la afirmación es subjetiva".

Otros errores del razonamiento surgen de violar el Principio de la Discusión Racional; por ejemplo, tratar de invertir la carga de la prueba, o presuponer la cuestión.

Además, hay argumentos que resultan malos por defectos en su estructura; es decir, por la manera en que se utilizan expresiones como "si…, entonces …", "todos", "algunos", etc. En los capítulos siguientes veremos cómo razonar bien con afirmaciones que incluyen esas expresiones.

Para que nos sea más fácil evaluarlos, a todos estos argumentos típicamente malos los llamamos *falacias*. Así, para mostrar que son malos lo único que tenemos que hacer es señalar que un determinado argumento es una falacia o, si es del tipo de los que típicamente utilizan premisas dudosas, mostrar que la premisa efectivamente es dudosa, como en el caso de una mala apelación a la autoridad. Agrupar este tipo de argumentos llamándolos falacias también nos sirve de advertencia, para recordarnos que no deberíamos utilizarlos.

En los capítulos siguientes veremos muchas otras clases de falacias. Por ahora, nos ocuparemos solamente de las que utilizan una premisa dudosa que apela a nuestras emociones. Las emociones juegan un papel en nuestros razonamientos, y *deberían* hacerlo: no podemos tomar buenas decisiones si no tenemos en cuenta el significado de esas decisiones para nuestra vida emocional. Pero eso no significa que debamos permitir que nuestras emociones nos dominen completamente. Cuando un argumento depende de una premisa que sugiere que lo que deberíamos hacer o creer depende *únicamente* de nuestras emociones, se trata de una **apelación a la emoción**.

Ejemplo 1 María: Deberíamos votar por Rafa para presidente de la clase.

Zoe: ¿Por qué?

María: Porque él no tiene amigos, pobrecito...
Análisis Para que esto sea un argumento bueno o válido tendríamos que agregarle: "Deberías votar por aquellas personas por las que sientes compasión". Eso es una *apelación a la compasión*, y en este caso es dudosa (no es plausible).

Ejemplo 2 Daniel (a Zoe): Deberíamos donar dinero a la Organización de Caridad X. Esa organización ayuda a gente de todo el mundo a mejorar su situación, y no preguntan si están de acuerdo con sus principios. Han estado trabajando muy bien por casi un siglo. Y son muy eficientes: casi la totalidad del dinero que reciben va a parar a los necesitados. Debemos ayudar a todas esas personas que no tienen agua corriente ni cuidados sanitarios. Piensa en esos pobres niños desnutridos y enfermos. Tenemos suficiente dinero como para colaborar con $50.

Análisis Esto requiere de una premisa no enunciada que apele a la compasión. Pero no se trata simplemente de "Debes hacerlo porque sientes compasión por alguien". Para transformarlo en un argumento fuerte necesitaríamos algo como: "Si sientes compasión por la gente, *y además* estás en posición de ayudarlos de una manera eficiente y moralmente correcta, *y además* tienes el dinero necesario para hacerlo, *entonces* deberías hacer una donación". Esto parece plausible, aunque todavía tendríamos que considerar si es la mejor manera en que Zoe y Daniel podrían decidir gastar su dinero.

Ejemplo 3 No deberías conducir tan rápido con esta lluvia. La ruta siempre está resbaladiza después de la primera lluvia de la temporada y podríamos tener un accidente.

Análisis Normalmente, una apelación a la emoción no hace que un argumento sea fuerte. Pero a veces una *apelación al miedo* (como la de este ejemplo) puede ser un factor legítimo a la hora de tomar una decisión. Una apelación a la emoción que lleva a la conclusión de que deberíamos hacer (o dejar de hacer) algo puede ser buena o puede ser mala.

Ejemplo 4 Wanda: Tengo que perder diez kilos en dos meses para ir a la boda de mi prima, así que esta nueva dieta *tiene que funcionar*. Sí, seguro que *va a funcionar*.

Análisis Este es un ejemplo de **pensamiento ilusorio**, y es grave. Toda apelación a la emoción cuya conclusión dice o describe cómo es (o será) el mundo es una *mala apelación a la emoción* (siempre que no pueda ser eliminada como premisa). ¿Por qué deberíamos creer que una descripción es (o será) verdadera basándonos solamente en nuestras emociones? Claro que a todos nos gustaría que el chocolate no nos hiciera engordar, o que no haya más guerras ni pobreza en el mundo. Pero el mundo es como es independientemente de cómo nos haga sentir. *Nuestro deseo de que algo sea verdadero no lo hace verdadero.* Si queremos cambiar el mundo, o si sentimos que es nuestro deber colaborar para que algunas cosas mejoren, lo primero es aceptar eso.

No está mal apelar a las emociones, pero para razonar bien es malo apelar *únicamente* a las emociones.

Diferentes tipos de afirmaciones

10 Afirmaciones compuestas

Afirmaciones compuestas, contradictorias y disyuntivas (con "o")

> ***Afirmación compuesta*** Una *afirmación compuesta* es una afirmación en la que se combinan dos o más afirmaciones, pero que debe entenderse como una sola afirmación.

Ejemplo 1 Ladró Sultán o ladró el perro de mi vecino.
  Análisis Esta es una afirmación que se compone de "Sultán ladró" y "el perro de mi vecino ladró", unidas por "o". Una afirmación que tenga esta forma será verdadera si al menos una de sus partes es verdadera, pero debemos recordar que toda la oración es una sola afirmación. Las afirmaciones compuestas unidas por "o" se llaman *disyuntivas*, y las afirmaciones que la componen se llaman *alternativas* o *disyuntos*.

Ejemplo 2 Esta semana Daniel o Zoe rendirán Epistemología.
  Análisis Podemos interpretar esta afirmación como una afirmación disyuntiva, compuesta por los siguientes *disyuntos* (o *alternativas*): "Esta semana Daniel rendirá Epistemología", "Esta semana Zoe rendirá Epistemología".

Ejemplo 3 Lisandro aprobará el examen porque estudió muchísimo.
  Análisis Esta no es una afirmación compuesta. La palabra "porque" nos indica que se trata de un argumento (ya vimos que "porque" es una *palabra indicadora*).

> ***Contradictoria de una afirmación*** La *contradictoria* de una afirmación es la afirmación que debe tener un valor de verdad opuesto a ella.

Ejemplo 4 Sultán está ladrando.
  Contradictoria Sultán no está ladrando.

Ejemplo 5   Este año la inflación no superará el 3%.

Contradictoria   Una contradictoria de esta afirmación puede ser "Este año la inflación superará el 3%"; la contradictoria no siempre incluye la palabra "no".

Para poder estudiar afirmaciones contradictorias y algunos argumentos que dependen de la forma de las afirmaciones nos será útil seguir las siguientes convenciones:

Las letras A, B y C están por (ocupan del lugar de) cualquier afirmación.
La frase "no A" reemplaza a "contradictoria de A".
La flecha ↓ reemplaza a "por lo tanto".
El símbolo + indica una premisa adicional.

Contradictoria de una afirmación con "o" (disyuntiva)
La contradictoria de *A o B* es *no A y no B*

Contradictoria de una afirmación con "y" (conjunción)
La contradictoria de *A y B* es *no A o no B*

Ejemplo 6   O Manuel hizo arreglar su automóvil, o bien Olivia no irá a la escuela.

Análisis   Una contradictoria es "Manuel no hizo arreglar su auto y Olivia irá a la escuela."

Ejemplo 7   Manuel o Pamela llevarán a Felipe a la escuela.

Análisis   Una contradictoria es "Ni Manuel ni Pamela llevarán a Felipe a la escuela", que es lo mismo que "Manuel no llevará a Felipe a la escuela y Pamela no llevará a Felipe a la escuela". Para la contradictoria de una afirmación disyuntiva (con "o") podemos utilizar "ni... ni...".

Posibilidades excluyentes

$$\frac{A \ o \ B \ + \ no \ A}{B} \quad \text{↓ (Válido)}$$

Ejemplo 8 La escuela tiene una rampa para silla de ruedas o Fabián se quedó en su casa. Pero la escuela no tiene una rampa para sillas de ruedas. Por lo tanto, Fabián se quedó en su casa.
Análisis Este razonamiento es válido.

Ejemplo 9 O encerramos a todos los criminales para siempre, o invertimos más dinero en su rehabilitación, o aceptamos que las calles jamás serán seguras, o implementamos algún sistema para vigilar a los ex convictos. (Esto es una sola afirmación: A o B o C o D). No podemos encerrar a todos los criminales indefinidamente, porque sería demasiado caro. Y no podemos aceptar que nuestras calles jamás serán seguras. Por lo tanto, deberíamos invertir más dinero en la rehabilitación de los criminales o deberíamos implementar algún sistema para vigilar a los exconvictos.
Análisis Los argumentos que excluyen una o varias alternativas también son válidos. Pero hay que recordar que no todo argumento válido es bueno.

Falso dilema Un *falso dilema* consiste en un mal uso de posibilidades excluyentes a partir de una disyunción falsa o dudosa. A veces se le llama *falso dilema* a la disyunción falsa o dudosa.

Ejemplo 10 Zoe: ¡Tenemos demasiadas deudas! O dejas de gastar dinero en esos cigarros importados que tanto te gustan o tendremos que deshacernos de Sultán.
Daniel: ¿De qué estás hablando? ¡No podemos dejar a Sultán!
Zoe: O sea que estás de acuerdo conmigo. ¡Qué bueno! Así que ya no comprarás esos cigarros.
Análisis Zoe presenta un falso dilema. Hay otras maneras de ahorrar dinero. Daniel podría seguir comprando cigarros y dejar de gastar tanto en comida rápida; o podría ir al trabajo en bicicleta, y con eso ahorraría mucho dinero en combustible.

Ejemplo 11 "La sociedad puede elegir entre garantizar una buena calidad ambiental al costo de una merma en el turismo o favorecer el turismo y el comercio a expensas del ecosistema, pero debe elegir. La decisión implica un compromiso costo-beneficio."

R. Sexton, *Exploring Economics*

Análisis   Esto es un falso dilema. Costa Rica pudo incrementar el turismo preservando casi el 50% de sus tierras y parques. Cuando encontramos una afirmación que presenta una opción versus otra, conviene asegurarse de que no se trata de un falso dilema.

Ejemplo 12   "La pregunta es si los talibanes están dispuestos a colaborar con la construcción de un Afganistán del siglo XXI o si únicamente les interesa asesinar personas."

Secretario de Defensa Robert Gates, *Bloomberg News*, 21/01/2010

Análisis   Esto sería un falso dilema si "un Afganistán del siglo XXI" no fuera demasiado vago.

Afirmaciones condicionales

> **Afirmación condicional**   Una *afirmación condicional* es una afirmación de la forma **Si A, (entonces) B**, o una afirmación que puede parafrasearse de esa forma. La afirmación **A** es el **antecedente** y la afirmación **B** es el **consecuente**.

Ejemplo 13   Si Sultán escapó, la puerta había quedado abierta.

Análisis   Esta es una afirmación condicional, su antecedente es "Sultán escapó" y el consecuente "La puerta había quedado abierta". No es necesario que el consecuente sea algo que sucede *después* del antecedente. (En castellano no siempre utilizamos la palabra "entonces", pero la afirmación sigue siendo un condicional).

Ejemplo 14   Si no me pides disculpas, no volveré a dirigirte la palabra.

Análisis   Esto es un condicional con el antecedente "no me pides disculpas" y el consecuente "no volveré a dirigirte la palabra."

Ejemplo 15   Cómprame un helado y seré feliz.

Análisis   Esta es una afirmación condicional; su antecedente es "me compras un helado", y el consecuente "seré feliz". En el habla cotidiana, a veces usamos "y" en lugar de "si..., (entonces)...". Tenemos que prestar atención y utilizar nuestro buen juicio para ver si se trata de una conjunción o de un condicional. En este caso sabemos que es un condicional, porque es equivalente a "Seré feliz si me compras un helado" (ambas afirmaciones significan lo mismo).

Ejemplo 16 Amar a una persona significa nunca hacer nada para lastimarla.

Análisis Aunque utilice la palabra "es" (como en algunas definiciones), esta es una afirmación condicional. Su antecedente es "amas a alguien" y su consecuente es "nunca harás nada para lastimarlo"; podría parafrasearse como "Si amas a una persona, (entonces) nunca harás nada para lastimarla".

Ejemplo 17 Un mamífero es ungulado si posee pezuñas.

Análisis Esto *no es* una afirmación, es una definición. Utiliza "si" en lugar de "significa" ("Mamífero ungulado significa mamífero con pezuñas."). Para ver cuándo estamos ante una afirmación condicional debemos utilizar nuestro juicio.

Ejemplo 18 Si Daniel va al concierto del domingo, eso significa que consiguió una entrada gratis o pidió dinero prestado.

Análisis Aunque en este ejemplo aparezca la expresión "eso significa que" en lugar de la palabra "entonces", no se trata de una definición. Esta es una afirmación condicional y su consecuente es una afirmación compuesta (una disyunción).

Contradictoria de un condicional
La contradictoria de *si A, (entonces) B* es *A y no B*.
(En lugar de *A y no B* también podemos decir *A pero no B*.)

La contradictoria de una afirmación condicional *no es* otro condicional.

Ejemplo 19 Si Sultán ladra, el gato de Susana saldrá corriendo.

Contradictoria Sultán ladró, pero el gato de Susana no salió corriendo.

Ejemplo 20 Si Sultán se escapó, entonces estaba persiguiendo una ardilla.

Contradictoria Sultán escapó, y no estaba persiguiendo una ardilla.

Ejemplo 21   Si los gatos no tuvieran pelos, no provocarían alergias.
Contradictoria   Aunque los gatos no tuvieran pelos, de todos modos provocarían alergias. "Aunque" se utiliza para construir la contradictoria de una afirmación condicional con antecedente falso.

Ejemplo 22   Si me compras un helado de chocolate, estaré feliz.
Contradictoria   A pesar de que me compraste un helado de chocolate, no estoy feliz. "A pesar de que" es otra de las expresiones que podemos utilizar para construir la contradictoria de un condicional.

Ejemplo 23   (†) Si Susana entregó todos los trabajos prácticos, entonces aprobó el curso.
Análisis   La contradictoria sería "Susana entregó todos los trabajos prácticos, pero no aprobó el curso".

Las siguientes afirmaciones *no son* contradictorias de (†):
"Si Susana no entregó todos los trabajos prácticos, aprobó el curso."
(Aunque esta afirmación condicional fuera verdadera y † también fuera verdadera, de todos modos Susana podría haber aprobado.)
"Si Susana entregó todos los trabajos prácticos, entonces no aprobó el curso." (Esta afirmación podría ser verdadera junto con la afirmación del ejemplo †, aunque Susana no hubiera entregado todos los trabajos prácticos.)
"Si Susana no entregó todos los trabajos prácticos, entonces no aprobó el curso." (Esta afirmación podría ser verdadera al mismo tiempo que †.)

Condiciones necesarias y suficientes

Hay dos tipos de afirmaciones que están muy relacionadas con las afirmaciones condicionales.

Contrapositiva de un condicional
La **contrapositiva** de *si A, (entonces) B* es *si no B, (entonces) no A*.
La contrapositiva es verdadera exactamente cuando el condicional es verdadero.

Ejemplo 24 Si Zoe está limpiando la casa, Daniel sacó a pasear a Sultán.
Contrapositiva Si Daniel no sacó a pasear a Sultán, Zoe no está limpiando la casa.

Afirmaciones de "solo si"
A solo si B significa *si no B, (entonces) no A*.
"Solo si" **no significa lo mismo** que "si…, (entonces)".

Ejemplo 25 Daniel se unirá al ejército solo si la conscripción es obligatoria.
Análisis Este ejemplo significa lo mismo que "Si la conscripción no es obligatoria, Daniel no se unirá al ejército".

Ejemplo 26 Las siguientes afirmaciones son equivalentes:
Te pondrán una multa por exceso de velocidad solo si conduces por encima de la velocidad permitida.
Si no conduces por encima de la velocidad permitida, no te pondrán una multa por exceso de velocidad.
Si te ponen una multa por exceso de velocidad, estabas conduciendo por encima de la velocidad permitida.

Condiciones necesarias y suficientes
A es condición necesaria de B significa que *si no A, (entonces) no B* debe ser verdadera.
A es condición suficiente de B significa que *si A, (entonces) B* debe ser verdadera.

Ejemplo 27 Aprobar el examen de la vista es una condición necesaria pero no suficiente para obtener una licencia de conducir.
Análisis Esto significa que la afirmación "Si no pasas el examen de la vista, no podrás obtener la licencia de conducir" es siempre verdadera, pero "Si pasas el examen de la vista, obtendrás la licencia de conducir" puede no ser verdadera. (Por ejemplo, podrías salir mal en la prueba manejo.)

Ejemplo 28 Lograrás aprobar Cálculo solo si estudias mucho.

Análisis Esto no es lo mismo que "Si estudias mucho, lograrás aprobar Cálculo". Estudiar mucho es *necesario* para aprobar Cálculo, pero *no es suficiente*. Este ejemplo es equivalente a "Si lograste aprobar Cálculo, entonces estudiaste mucho". Confundir "solo si" con "si" es tomar una condición necesaria por una condición suficiente.

Algunas formas de argumentos válidos con condicionales

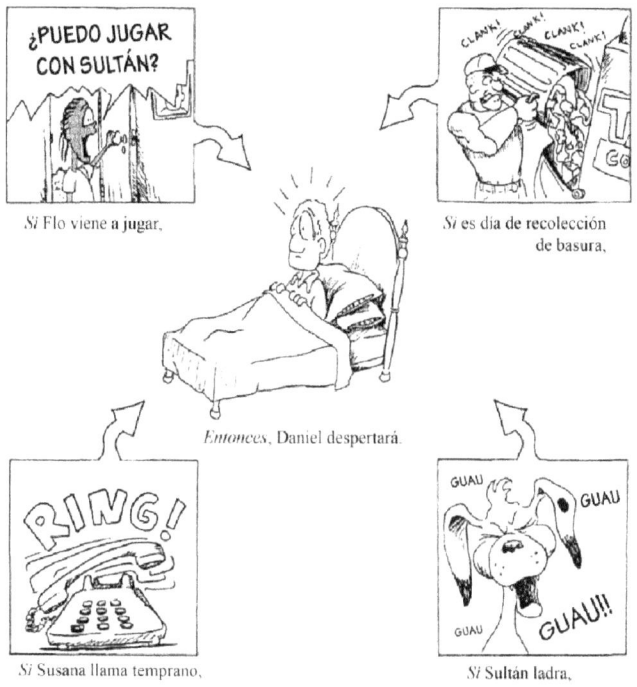

Hay algunas maneras sencillas de razonar usando condicionales que son útiles para construir y analizar argumentos válidos, y también algunos argumentos similares que generalmente son débiles.

Manera directa de razonar con condicionales	*Afirmación del consecuente*
Si A, (entonces) B + A	Si A, (entonces) B + B
↓ (Válido)	↓ (Débil)
B	A

Ejemplo 29 Si Sultán ladra, Daniel despertará. Sultán ladró. Por lo tanto, Daniel se despertó.
Análisis Este argumento es válido. Es imposible que las dos premisas sean verdaderas y la conclusión sea falsa. Es un ejemplo de la manera directa de razonar con condicionales.

Ejemplo 30 Si Sultán ladra, Daniel despertará. Daniel se despertó. Por lo tanto, Sultán ladró.
Análisis Este argumento es débil. Puede ser que Susana lo haya llamado por teléfono, o que alguien tocara el timbre. Razonar de esta manera es *afirmar el consecuente*. Es invertir la dirección del razonamiento.

Ejemplo 31 Wanda: En ese gimnasio tienen un programa de dietas y ejercicios para bajar de peso. Creo que me voy a inscribir.
(Más tarde)
Zoe: ¿Viste cuánto peso perdió Wanda?
Susana: Sí, seguro se inscribió en ese programa del que nos estuvo hablando.
Análisis Susana está pasando por alto otras posibilidades. Wanda podría haberse hecho una liposucción, o podría ser bulímica.

Manera indirecta de razonar con condicionales	Negación del antecedente
Si A, (entonces) B + no B ↓ (Válido) no A	Si A, (entonces) B + no A ↓ (Débil) no B

Ejemplo 32 Si Sultán ladra, Daniel despertará. Daniel no se despertó. Por lo tanto, Sultán no ladró.
Análisis Este es un argumento válido, un ejemplo de la manera correcta de razonamiento indirecto con condicionales.

Ejemplo 33 Si pasa el camión recolector de basura, Daniel se despertará. Pero hoy no es el día en que pasan a recoger la basura. Por lo tanto, Daniel no se despertó.
Análisis Esto es débil. Quizá Sultán se puso a ladrar, o alguien tocó el timbre temprano (cualquiera de estas cosas habría sido suficiente para

despertar a Daniel). Cuando razonamos como en el ejemplo (por *negación del antecedente*), estamos ignorando otras posibles maneras en que la premisa podría ser verdadera y la conclusión, falsa.

Ejemplo 34   Si María no lo llama por teléfono temprano, Manuel llegará tarde a clase. María sí lo llamó temprano. Por lo tanto, Manuel no llegó tarde a clase.
Análisis   Esto es débil, es *negar el antecedente*. El "no" en la forma indica que es una contradictoria. Esquemáticamente:
Si María no llama a Manuel (A), *entonces* Manuel llegará tarde a clase (B).
(Pero) María sí llamó temprano a Manuel (no A). *Por lo tanto*, Manuel no llegará tarde a clase (no B).

Ejemplo 35   Si Susana no llama temprano, Zoe no irá de compras. Zoe fue de compras. Por lo tanto, Susana llamó temprano.
Análisis   Esto es un ejemplo válido de la manera indirecta de razonar con condicionales. En este ejemplo las contradictorias no incluyen la palabra "no".

Ejemplo 36   Zoe no irá de compras si Daniel llega a casa temprano. Zoe fue de compras. Por lo tanto, Daniel no llegó a casa temprano.
Análisis   Esto es válido, otro ejemplo de la forma indirecta de razonar con condicionales. (En este ejemplo, "Daniel llega temprano" es el antecedente, y "Zoe no irá de compras" es el consecuente.)

Ejemplo 37   Si está lloviendo, la calle está mojada. No está lloviendo. Por lo tanto, la calle no está mojada.
Análisis   Esto es débil, es negar el antecedente. La calle de todos modos podría estar mojada, por muchas otras razones.

Ejemplo 38   Si Susana llamó temprano, entonces Daniel se despertó. Por lo tanto, Daniel no despertó.
Análisis   La premisa obvia que deberíamos agregar en este caso es "Susana no llamó temprano". Pero si hacemos eso, tendremos un argumento débil (es una negación del antecedente). Es decir, este argumento es irreparable.

Obviamente, estas maneras no-válidas de razonar son confusiones a partir de las formas válidas. Son errores que alguien que razona bien no cometería. Por eso las incluimos entre lo que llamamos *falacias*. Así, cuando veamos alguna de estas formas inválidas sabremos que *no es necesario molestarse en reparar el argumento*.

Razonamientos en cadena y el argumento de la pendiente resbaladiza

Razonamiento en cadena con condicionales	*Argumento de pendiente resbaladiza*
Si A, (entonces) B + Si B, (entonces) C ↓ (Válido) Si A, (entonces) C	Un mal argumento que usa una cadena de condicionales y al menos uno de esos condicionales es falso o dudoso

Ejemplo 39   Si Daniel saca a pasear a Sultán, Zoe preparará la cena. Y si ella prepara la cena, Daniel lavará los platos. O sea que, si Daniel saca a pasear a Sultán, también lavará los platos. Daniel sacó a pasear a Sultán; por lo tanto, él tiene que haber lavado los platos.

Análisis   Este argumento es válido, es un razonamiento en cadena que utiliza condicionales, seguido por la forma directa de razonar con condicionales: como el primer antecedente es verdadero, podemos concluir que el último consecuente también lo es.

Ejemplo 40   No deberías sacar una tarjeta de crédito. Si lo haces, estarás tentado de gastar dinero que no tienes. En poco tiempo llegarás al límite de gastos, y tendrás una deuda inmensa. Deberás dejar la escuela para pagar las cuentas, y tu vida será un completo fracaso.

Análisis   Quien ofrece el argumento asume (presupone) que todos *preferiríamos* no fracasar completamente en la vida. Y eso es verdadero. Pero este es un ejemplo de argumento de pendiente resbaladiza. Es fácil darse cuenta si lo reescribimos utilizando condicionales.

Ejemplo 41   Anuncio de indumentaria deportiva que apoya a la selección argentina de rugby (los Pumas).
"Está bien. No vayas a entrenar. Total, si no vas, no practican las jugadas. No practican las jugadas, no hacen el *try*. No hacen el *try*, tu divi-

sión no gana el torneo. No ganan el torneo, ninguno sube a primera. No suben a primera, no van a la gira. No van a la gira, no descubren a la figura de tu equipo. No la descubren, no tiene roce internacional. No tiene roce internacional, no lo convocan a los Pumas. No lo convocan a los Pumas, no hay un nuevo ídolo. No hay un nuevo ídolo, no hay competencia. No hay competencia, nadie entrena horas extras. Nadie entrena horas extras, los Pumas no siguen mejorando."

La publicidad se puede ver en: https://youtu.be/H9L2bysrCxE

Análisis Esta publicidad intenta convencernos de que si hoy no voy a entrenar, la selección de rugby no seguirá mejorando. Por lo tanto, si queremos que los Pumas mejoren, deberíamos ir a entrenar. Tal y como se enuncia, es un mal razonamiento, un ejemplo de pendiente resbaladiza.

Razonar a partir de hipótesis

Una forma para tratar de juzgar si una afirmación es verdadera es intentando averiguar qué se sigue de ella. Primero construimos un argumento válido o fuerte comenzando con esa afirmación como premisa. Si llegamos a una conclusión falsa, y si no hemos utilizado ninguna otra premisa dudosa, podemos concluir que la hipótesis es falsa –esta estrategia es simplemente lo que llamamos *reducción al absurdo*.

Sin embargo, cuando razonamos a partir de hipótesis puede pasar que lleguemos a otra afirmación condicional.

Hipótesis y condicionales Si a partir de una hipótesis A construimos un buen argumento del que se sigue B, lo que hicimos es construir un buen argumento del que se sigue (la afirmación condicional) *Si A, (entonces) B.*

Ejemplo 42 Lisandro: Estoy pensando en inscribirme en la carrera de Biología.
María: O sea que deberás ir a cursos de verano. Ahora estás en el segundo año. Para terminar en cuatro años, como yo, vas a tener que inscribirte a los cursos avanzados de Biología los dos últimos años. Y no puedes entrar a esos cursos hasta que no hayas terminado el curso de Cálculo, que es de tres semestres. Por eso, para poder terminar en cuatro años deberás estudiar Cálculo durante el verano.

Análisis María no demostró que Lisandro deberá asistir a cursos de verano. A partir de la presuposición (la hipótesis) de que Lisandro estudiará Biología, (junto con otros presupuestos plausibles) deduce que deberá asistir a cursos de verano. Es decir, la conclusión de su argumento es el siguiente condicional: "*Si* Lisandro decide estudiar Biología, *entonces* deberá tomar cursos de verano" (una afirmación condicional).

11 Afirmaciones generales

"Todos", "algún", "ningún" y "solo"

> *Todos* significa "Todos y cada uno, sin excepción". A veces, *todos* significa "Todos y cada uno, y existe al menos uno".
>
> *Algunos* significa "Al menos uno". A veces, *algún* significa "Al menos uno, pero no todos".
>
> Cuándo debemos elegir una u otra de las interpretaciones es algo que depende de la manera en que las palabras sean usadas en cada argumento en particular.

Ejemplo 1   Todos los perros son mamíferos.
Análisis   Esta es una afirmación verdadera.

Ejemplo 2   Todos los gerentes de banco son mujeres.
Análisis   Esta afirmación es falsa en cualquiera de las interpretaciones de "todos".

Ejemplo 3   Todos los osos polares de la Antártida pueden nadar.
Análisis   Si entendemos "todos" como "todos y cada uno", esta afirmación es verdadera. Es decir, "cualquier oso polar que esté en la Antártida es capaz de nadar"; o también, "si hay un oso polar en la Antártida, entonces puede nadar" (porque todos los osos polares nadan). Pero es falsa si interpretamos que el significado de "todos" incluye "y existe al menos uno", porque (hasta donde sabemos) en la Antártida nunca hubo osos polares.

Ejemplo 4   Algún perro ladra.
Análisis   Esta afirmación es verdadera en cualquiera de las interpretaciones de "algún".

Ejemplo 5   Algunos perros son mamíferos.
Análisis   Esta afirmación resulta verdadera si entendemos que "algún" significa "(existe) al menos uno". Pero es falsa si la

interpretamos como "al menos uno, pero no todos" (precisamente, porque todos los perros son mamíferos).

Hay diferentes maneras de decir "todos". Por ejemplo, las expresiones que siguen son equivalentes:

Todos los perros ladran.   Todo perro ladra.
Los perros ladran.   Todo lo que es perro, ladra.

También hay muchas maneras de expresar la primera interpretación de "algún". Las siguientes, por ejemplo, son equivalentes:

Algunos perros no pueden ladrar.   Hay al menos un perro que no puede ladrar.

Existe un perro que no puede ladrar.   Hay un perro que no puede ladrar.

Y hay muchas maneras de decir que nada (o ninguno de los miembros de un grupo) satisface una determinada condición. Por ejemplo, las siguientes expresiones son equivalentes:

Ningún perro tiene plumas.   Nada que sea un perro tiene plumas.

No existe (ni) un perro que tenga plumas.   Ni siquiera un perro tiene plumas.

Ningún carpincho es astronauta.   Si es carpincho, no es astronauta.

Todo carpincho es no-astronauta.   No hay ni un solo carpincho que sea astronauta.

Así como debíamos tener mucho cuidado cuando usábamos "solo si", también debemos ser muy cuidadosos con "solo" (en el sentido de "únicamente").

Ejemplo 6 Solo los empleados del banco pueden abrir la bóveda. Pedro es empleado del banco. Por lo tanto, Pedro puede abrir la bóveda.

Análisis Este argumento es débil: quizá Pedro es el empleado de la limpieza. "Solo los empleados del banco" no significa "Todos los empleados del banco". "Solo los empleados del banco pueden abrir la bóveda" significa "Todos los que pueden abrir la bóveda son empleados del banco".

Solo	Solo los S son P significa Todos los P son S.

Contradictorias de las afirmaciones generales

Ejemplo 7 Todas las personas quieren ser ricas.

Contradictoria Alguna persona no quiere ser rica (o "Existe al menos una persona que no quiere ser rica").

Ejemplo 8 A algún ruso le gusta el chimichurri.

Contradictoria A ningún ruso le gusta el chimichurri (o "No existe ni un ruso al que le guste el chimichurri").

Ejemplo 9 Algunas mujeres no desean casarse.
Contradictoria Toda mujer desea casarse.

Ejemplo 10 Ningún gato ladra.
Contradictoria Algún gato ladra.

Ejemplo 11 Todos los gatos odian nadar.
Contradictoria Algún gato no odia nadar.

Ejemplo 12 Algunas ballenas se alimentan de peces.
Contradictoria No existe ni siquiera una ballena que se alimente de peces.

Ejemplo 13 Solo los perros ladran.
Contradictoria Hay algunas cosas que ladran y que no son perros.
Si quisiéramos decir que solo los perros ladran y ninguna otra cosa ladra, diríamos "Los perros y solo los perros ladran". Y la contradictoria de esa afirmación es: "Algún perro no ladra o algunas cosas que ladran no son perros."

Hay muchas maneras de hacer afirmaciones generales y muchas maneras de formar sus contradictorias. Aquí ofrecemos una guía parcial.

Afirmación	Contradictoria
Todo S es P.	Algún S es no P. No todo S es P.
Algún S es P	Ningún S es P. Todo S es no P. Ni siquiera un S es P.
Algún S es no P.	Todo S es P.
Ningún S es P.	Algún S es P.
Solo los S son P.	Algún P no es S. No todo S es P.

Formas válidas y débiles de argumentos con afirmaciones generales

Manera directa de razonar con "todos"	Razonamiento invertido con "todos"
Todos los S son P + a es S ↓ (Válido) a es P	Todos los S son P + a es P ↓ (Débil) a es S

Ejemplo 14 Todos los agentes hipotecarios son honestos. Rafael es un agente hipotecario. Por lo tanto, Rafael es honesto.

Análisis Esto es válido, es un ejemplo de razonamiento directo que utiliza "todos". Pero no es bueno. La primera premisa es falsa, como todos sabemos a partir de la crisis financiera hipotecaria del 2008. (No olvidar que *válido* ≠ *bueno*).

Ejemplo 15 Todos los corredores de bolsa ganan más de $50.000. Eduardo gana más de $50.000. Por lo tanto, Eduardo es un corredor de bolsa.

Análisis Esto es débil, porque es un ejemplo de invertir la dirección del razonamiento con afirmaciones que incluyen "todos". Pensemos:

Eduardo podría ser futbolista o el gerente de una gran empresa... o un agente hipotecario.

Razonamiento en cadena con "todos" Todos los S son P + Todos los P son Q ↓ (Válido) Todos los S son Q	Razonamiento en cadena con "algunos" Algunos S son P + Algunos P son Q ↓ (Débil) Algunos S son Q

Ejemplo 16 Todos los diarios que lee el vicepresidente de los Estados Unidos son impresos por alguna editorial estadounidense. Todos los diarios publicados por editoriales estadounidenses tienen una tendencia contraria a los musulmanes. Por lo tanto, el vicepresidente únicamente lee diarios de tendencia contraria a los musulmanes.
Análisis Esto es válido. Es un razonamiento en cadena que utiliza "todos".

Ejemplo 17 A algunos perros les gusta la mantequilla de maní. Algunas cosas a las que les gusta la mantequilla de maní son humanos. Por lo tanto, algunos perros son humanos.
Análisis Esto es débil, es un razonamiento en cadena que utiliza "algunos".

Manera directa de razonar con "ningún" Todos los S son P + Ningún Q es P ↓ (Válido) Ningún Q es S	Razonamiento invertido con "ningún" Todos los S son P + Ningún Q es S ↓ (Débil) Ningún Q es P

Ejemplo 18 Todas las corporaciones son personas jurídicas. Ninguna computadora es una persona jurídica. Por lo tanto, ninguna computadora es una corporación.
Análisis Esto es válido, es un razonamiento directo que utiliza "ningún".

Ejemplo 19 Todos los estudiantes de medicina estudian Física en el primer año de la universidad. Ningún adicto a la heroína es estudiante de medicina. Por lo tanto, ningún adicto a la heroína estudia Física en el primer año de la universidad.

Análisis   Esto es débil, es un ejemplo de invertir la dirección del razonamiento que utiliza "ningún".

Generalidades precisas y vagas

Es fácil evaluar argumentos en los que aparecen generalidades estadísticas.

Ejemplo 20   El 72% de los trabajadores de la planta de General Motors dicen que votarán a favor de la huelga. Héctor trabaja en la planta de General Motors. Por lo tanto, Héctor votará a favor de la huelga.

Análisis   Podemos determinar exactamente qué lugar ocupa este ejemplo para el argumento anterior, en la escala que va de los argumentos más fuertes a los más débiles. Hay una posibilidad del 28% de que las premisas sean verdaderas y la conclusión sea falsa. Y para que un argumento sea fuerte necesitamos más que eso.

Ejemplo 21   Aproximadamente el 95% de las personas que tienen gatos sufren de alergias producidas por esas mascotas. La ex mujer del Dr. D tiene un gato. Por lo tanto, la ex mujer del Dr. D sufre de alergias producidas por su gato.

Análisis   Este argumento es fuerte.

Ejemplo 22   De todos los trabajadores de la línea de montaje de la General Motors solo un 4% no recibió un aumento el año pasado. Manuel trabaja en la línea de montaje de la General Motors desde el año pasado. Por lo tanto, Manuel recibió un aumento.

Análisis   Este es un argumento fuerte, siempre y cuando no sepamos nada más acerca de Manuel.

La mayoría de las generalidades imprecisas son demasiado vagas para formar parte de un buen argumento. Por ejemplo:

| La mayoría de… | Unos cuantos… | Numerosos… | Muchos… |
| Una gran parte… | Gran cantidad… | Un montón de… | |

Sin embargo, *casi todos* y *un número muy reducido* (o *un pequeño número de*) son generalizaciones vagas que resultan lo suficientemente claras como para que las podamos utilizar al razonar bien.

Ejemplo 23 Casi la totalidad de los directores de escuela secundaria poseen un título de grado. Por lo que el director de la Secundaria ARF posee un título avanzado.
Análisis Este es un argumento fuerte. Comparar con la manera directa de razonar utilizando "todos".

Ejemplo 24 Casi todos los profesores universitarios dictan clases todos los años. María Emilia da clases todos los años. Por lo tanto, María Emilia es profesora universitaria.
Análisis Esto es débil. María Emilia podría ser una profesora de secundaria. Comparar con el razonamiento invertido (invertir el orden del razonamiento) que utiliza "todos".

Ejemplo 25 A casi todos los perros les gusta el helado. Casi todas las cosas a las que les gusta el helado son incapaces de ladrar. Por lo tanto, casi todos los perros son incapaces de ladrar.
Análisis Esto es débil. Un razonamiento en cadena que utiliza "casi todos" es tan débil como el que utiliza "algunos".

Ejemplo 26 Solo un número muy pequeño de sargentos de Marina torturó prisioneros en Irak. Henry es sargento de Marina. Por lo tanto, Henry no torturó prisioneros en Irak.
Análisis Este argumento es fuerte. Comparar con la manera directa de razonar con "ningún".

Ejemplo 27 Todos los camioneros tienen licencia profesional de conducir. Solo un pequeño número de peluqueros posee una licencia profesional de conducir. Por lo tanto, solo un pequeño número de peluqueros son camioneros.
Análisis Esto es un argumento fuerte. Comparar con la manera directa de razonar con "ningún".

Ejemplo 28 Todos los profesores reciben su cheque de sueldo a fin de mes. Solo un número muy pequeño de personas menores de veinticinco años es profesor. Por lo tanto, solo un número muy pequeño de personas menores de veinticinco cobra un sueldo a fin de mes.
Análisis Esto es un argumento fuerte. Comparar con la manera directa de razonar utilizando "ningún".

Ejemplos

Estos ejemplos ilustran la manera en que podemos evaluar la fuerza o validez de un argumento que utiliza afirmaciones generales. Para algunos de ellos podemos recurrir a las formas que vimos hasta ahora. Pero todos pueden ser evaluados teniendo en cuenta lo fundamental: no se trata de que las premisas y la conclusión sean verdaderas, lo que tenemos que averiguar es si hay *alguna manera en que las premisas puedan ser verdaderas y la conclusión, falsa*; y si es así, cuál es la probabilidad de que eso suceda.

Ejemplo 29 Solo los gerentes pueden cerrar la caja registradora. Jorge es gerente. Por lo tanto, Jorge puede cerrar la caja registradora.
Análisis Esto es débil. "Solo" no significa "todos". Jorge podría ser un gerente a cargo de otra sección de la tienda no relacionada con las finanzas (por ejemplo, podría ser gerente del depósito).

Ejemplo 30 Toda persona que desea ser ascendida a gerente trabaja duro. La gente del grupo de Luisa trabaja duro. Por lo tanto, las personas del grupo de Luisa quieren ser ascendidas a gerente.
Análisis Esto es débil. Quizá las personas del grupo de Luisa solo desean conseguir un aumento, pero sin las responsabilidades de un cargo de gerente. Este ejemplo ilustra una forma débil: Todos los S son Q; Todos los P son Q; por lo tanto, Todos los P son S.

Ejemplo 31 Ningún contribuyente que evade impuestos es honesto. A algunas personas deshonestas las descubren. Por lo tanto, algunos evasores son descubiertos.
Análisis Esto es débil. Podría suceder que los únicos que sean descubiertos sean las personas que roban.

Ejemplo 32 Todos los leones son feroces, pero algunos leones temen a los perros. Por lo tanto, algunos perros no temen a los leones.
Análisis Esto es débil. Podría suceder que los perros tengan tanto miedo de los leones que nunca lleguen a enterarse de que algún león también les teme (porque no se atreverían a acercárceles).

Ejemplo 33 Algunos estudiantes de enfermería no son buenos en matemáticas. Juan es un estudiante de enfermería. Por tanto, Juan no es bueno en matemáticas.

Análisis Esto es débil. Juan podría ser uno de los estudiantes de enfermería que sí son buenos en matemáticas.

Ejemplo 34 Todo perro ama a su dueño. Daniel tiene un perro. Por lo tanto, Daniel es amado por alguien.

Análisis Esto es válido, aunque no aparezca en ninguna de las formas que hemos estudiado más arriba.

Ejemplo 35 Casi todos los perros aman a sus dueños. Daniel tiene un perro. Por lo tanto, Daniel es amado por alguien (hay alguien que ama a Daniel).

Análisis Este es un argumento fuerte y es bueno.

Ejemplo 36 Ninguna persona que lea este libro terminará pidiendo limosna en la calle. Solo las personas pobres se ven obligadas a pedir limosna en la calle. Pero las personas que lean este libro no serán pobres, porque sabrán cómo razonar bien.

Análisis Este es un argumento excelente. Confíen en mí: soy una autoridad.

12 Afirmaciones prescriptivas

Cuando razonamos, muchas veces nos interesa llegar a una conclusión que nos diga no solo lo que es el caso, sino lo que debería ser el caso.

> **Afirmaciones descriptivas y afirmaciones prescriptivas**
> Una afirmación es *descriptiva* si dice **lo que es el caso**. Una afirmación es *prescriptiva* si dice **lo que debería ser el caso**.

Las afirmaciones pueden dividirse en descriptivas y prescriptivas. A las afirmaciones prescriptivas a veces se las llama *normativas*, y a las descriptivas a veces se las llama *positivas*.

Ejemplo 1 Los conductores alcoholizados son responsables de mayor cantidad de muertes por accidentes de tránsito que las personas que manejan sobrias.
Análisis Esta es una afirmación descriptiva.

Ejemplo 2 Debería existir una legislación que prohíba conducir bajo los efectos del alcohol.
Análisis Esta es una afirmación prescriptiva.

Ejemplo 3 Daniel: Tengo calor.
Zoe: Deberías quitarte el abrigo.
Análisis Daniel realizó una afirmación descriptiva. Zoe respondió con una afirmación prescriptiva.

Ejemplo 4 El Gobierno de Uruguay no debe legalizar la marihuana.
Análisis Esta es una afirmación prescriptiva (que utiliza "debe" en lugar de "debería").

Ejemplo 5 El Gobierno debería bajar las tasas de interés.
Análisis Esta es una afirmación prescriptiva.

Las expresiones "bueno", "mejor", "de lo mejor", etc., y "malo", "peor", "de lo peor", etc., así como otros **juicios de valor**, son afirmaciones prescriptivas cuando incluyen la siguiente afirmación implícita: "Si algo es bueno (mejor, preferible, etc.), entonces deberíamos/deberías/debes hacerlo...; si algo es malo peor, etc., entonces no deberíamos/no deberías/no debes hacerlo".

Ejemplo 6   Está mal conducir alcoholizado.

Análisis   Esta afirmación es prescriptiva, y conlleva la afirmación no enunciada de que no deberíamos hacer algo que está mal.

*Toda afirmación prescriptiva enuncia un **estándar de valor** –esto es, dice lo que debería ser el caso, sin que haya nada más básico o fundamental que decir al respecto– o presupone (como su estándar de valor) alguna otra afirmación prescriptiva.*

Ejemplo 7   Omar: Comer perros está mal.

Análisis   Esta es una afirmación prescriptiva, porque conlleva la presuposición de que no deberíamos comer perros.

Cuando Omar dijo esto, Zoe estuvo de acuerdo. Pero ¿Zoe sabía cuál era el estándar de valor que Omar tenía en mente? Seguramente esta afirmación no es ella misma un estándar de valor, sino que depende de algo más fundamental. Tal vez Omar es vegetariano, y cree (la afirmación prescriptiva) "Deberíamos tratar a los animales de manera humanitaria y asesinarlos para alimentarnos de ellos no es un trato humanitario." Pero es probable que Zoe no esté de acuerdo con esto, porque a ella sí le encanta comer hamburguesas. O tal vez Omar cree: "La carne de perro tiene feo sabor", y esto es un estándar de valor que requiere o presupone otra afirmación prescriptiva: "No deberíamos comer cosas que tienen feo sabor".

O puede ser que Omar crea que "Los perros son carnívoros, y no deberíamos alimentarnos de animales carnívoros", y este sería un estándar de valor que para él estaría fundamentado en otro estándar más básico, por ejemplo: "No deberíamos comer aquellos animales que la interpretación más ortodoxa del Corán prohíbe comer, y el Corán prohíbe alimentarse de animales carnívoros".

O quizá Omar simplemente piensa como la mayoría de los habitantes del mundo occidental y acepta la afirmación "Deberíamos tratar a los perros como animales de compañía y no tratarlos como fuente de alimento".

Ejemplo 8   Asesinar está mal.
  Análisis   Esta es una afirmación prescriptiva. Generalmente se la considera un estándar de valor que no presupone ningún otro estándar.

Ejemplo 9   Dr. Wibblitz: La universidad debería poner fin a los experimentos científicos con monos.
  Análisis   Esta es una afirmación prescriptiva. Susana está de acuerdo, porque cree que los monos tienen alma, y cree que no deberíamos hacer sufrir a ninguna criatura que posea alma. Pero Lisandro no acepta la afirmación del Dr. Wibblitz, porque considera que ese tipo de experimentos son importantes para la investigación de tratamientos de enfermedades como el SIDA. Por su parte, el Dr. Wibblitz también cree que esos experimentos son importantes, pero opina que, debido a ciertas legislaciones recientemente aprobadas, esos estudios son demasiado costosos para el presupuesto de la universidad. Si no pueden ponerse de acuerdo acerca cuál es el estándar de valor que utilizarán para juzgar la afirmación del Dr. Wibblitz, no podrán resolver sus diferencias.

Cuando debatimos acerca de alguna afirmación prescriptiva, lo que tenemos que discutir es si deberíamos aceptar o rechazar el estándar de valor que esa afirmación presupone, o deberíamos discutir si efectivamente la afirmación se sigue de ese estándar.

No podemos deducir ninguna afirmación prescriptiva a partir de un conjunto de premisas descriptivas.

> **El "deber-ser" no se sigue del "es"**
> Ningún buen argumento con una conclusión prescriptiva puede contener únicamente premisas descriptivas.

Ejemplo 10   Fumar arruina la salud de las personas; por lo tanto, deberíamos subir los impuestos sobre los cigarrillos.
  Análisis   La premisa es una afirmación descriptiva, y es verdadera. Pero la conclusión no se sigue salvo que agreguemos alguna afirmación prescriptiva como, por ejemplo, "Debemos subir los impuestos sobre aquellas actividades que dañan la salud de las personas". Una vez que agregamos esa afirmación (prescriptiva), podemos discutir si deberíamos aceptarla o no.

Ejemplo 11 El gobierno debería aumentar los impuestos al 1% más rico del conjunto de los contribuyentes.
Análisis Esta es una afirmación prescriptiva. Pero antes de juzgar si debemos aceptarla o rechazarla necesitaríamos saber cuál es el estándar de valor que está detrás de ese "debería...". ¿Qué es lo que el hablante considera una buena política impositiva y por qué?

Ejemplo 12 Las escuelas secundarias del Gran Buenos Aires deberían prohibir a sus alumnos asistir a clase con camisetas y otros símbolos de equipos de fútbol para minimizar los posibles conflictos entre simpatizantes de equipos rivales.
Análisis En realidad, aquí hay dos afirmaciones prescriptivas. La primera es "Las escuelas secundarias del Gran Buenos Aires deberían prohibir a sus alumnos asistir a clase con camisetas y otros símbolos de equipos de fútbol", y después, una razón de por qué deberían hacerlo: "minimizar posibles conflictos entre simpatizantes de equipos rivales".

Ejemplo 13 Estoy absolutamente en contra de la prohibición de fumar en los bares. La mayoría de los clientes de esos establecimientos son fumadores, y los que no lo son deberían estar al tanto de que un bar es precisamente el tipo de lugares a los que van las personas que quieren tomarse un trago y fumarse un cigarrillo. Además, en ningún bar trabajan menores de edad, y tampoco les está permitido ingresar. Sencillamente, no creo que podamos permitir que la gente tome una cerveza y prohibirles que se fumen un cigarrillo –es un derecho otorgado por Dios.
        Gordy Hicks, concejal, ciudad de Socorro,
        N.M., *El defensor Chieftain*, 24/07/2002
Análisis En este caso pareciera que el estándar de valor implícito es que la sociedad no debe sancionar las actividades de las personas, siempre y cuando estas actividades no corrompan a la juventud y no produzcan efectos dañinos que pueden ser evitados. Y el argumento no se debilita si eliminamos la apelación a los "derechos otorgados por Dios", así que nuestra Guía para Reparar Argumentos nos autoriza a deshacernos de esa parte. Pero si resultara que Hicks de hecho considera que su argumento se fundamenta en razones teológicas, entonces no sería adecuado.

A quienes creen que todas las afirmaciones prescriptivas son subjetivas se los llama *relativistas*. Estas personas piensan que *todos* los estándares –sean estéticos (acerca de lo bello y lo feo), morales (acerca de lo que está bien o lo que está mal hacer) o de otro tipo– son relativos a las creencias de alguna persona o grupo. Sin embargo, la mayoría de la gente cree que al menos *algunas* afirmaciones prescriptivas –como, por ejemplo "No deberías torturar a otro ser humano"– son *objetivas* (es decir, deberían ser aceptadas por cualquiera, independientemente de sus creencias).

Cuando le pedimos a alguien que haga explícito el estándar de valor que está utilizando al realizar una afirmación prescriptiva, es común que responda: "Lo que quiero decir es que *para mí* hacer tal o cual cosa está bien (o mal)". Pero, si insistimos, llegará un momento en que ya no estará tan cómodo con nuestra "diferencia de opinión". En realidad, lo que quiere decir es algo así como: "Tengo derecho a creer eso". Y por supuesto que lo tiene, pero, ¿tiene una buena razón para creerlo? La mayoría de las veces no estamos dispuestos a aceptar que los demás evalúen nuestras convicciones morales como algo puramente subjetivo.

Ejemplo 14   "El problema con todos estos criterios es que resulta arbitrario elegir uno u otro (cita varios estándares de valor sobre los que podría basarse una política económica). Sospecho que al fin y al cabo la elección de un criterio normativo es cuestión de gustos."

Stephen Landsburg, *The Armchair Economist*

Análisis   Este autor parece ser un relativista. Pero tal vez simplemente está cometiendo la falacia subjetivista, confundiendo falta de acuerdo con subjetividad.

Cuando un científico nos pide que aceptemos una afirmación prescriptiva, ella o él ya no habla como científico, sino como alguien en posición de hacer juicios de valor, habla como político, como filósofo, como sacerdote…

Ninguna afirmación prescriptiva se sigue de una ley o dato científico: para obtener una conclusión prescriptiva siempre deberemos incluir algún estándar, algún juicio de valor. Cuando aceptamos (o intentamos que otros acepten) una afirmación prescriptiva basados únicamente en que fue hecha por un científico, estamos ante una mala apelación a la autoridad.

Ejemplo 15 "La ciencia dice que tenemos que reducir la emisión de gases de invernadero. La ciencia dice que tenemos que estabilizar las concentraciones de gases de invernadero en la atmósfera. Lo que puede ser motivo de debate es de cuánto debería ser esa reducción."

Rajendra K. Pachauri, presidente del Grupo Intergubernamental de Expertos sobre el Cambio Climático

Análisis La ciencia no dice nada de eso. Al emitir estos juicios acerca de cómo invertir los recursos de los países frente a las consecuencias (científicamente constatadas) del calentamiento global, Pachauri está hablando como político, no como científico.

Ejemplo 17 "*Los 5 pecados ambientales. Aquello que hacemos en nuestra vida y que muchos comenzaron a cambiar*
1. *El uso del auto particular*. A diario circulan en la ciudad 1,8 millones de vehículos. A la generación de gases contaminantes se suman los niveles de ruido. Usar el transporte público es más saludable para uno y para el ambiente."

Violeta Gorodischer, "La hora de las familias verdes", *La Nación*, 26/01/2013. http://www.lanacion.com.ar/1549058-la-hora-de-las-familias-verdes

Análisis Que el artículo hable de "pecados ambientales" nos permite inferir que en él encontraremos afirmaciones prescriptivas (explícitas o implícitas). Aquí, la conclusión no enunciada es una afirmación prescriptiva: "Deberíamos preferir el transporte público (a la utilización de autos particulares)". El estándar de valor que esa afirmación presupone es que deberíamos preferir lo que es más saludable para nosotros y para el medio ambiente.

Números

13 Números

Utilizamos números para medir, para resumir información y así poder compararla.

Porcentajes

Un porcentaje es alguna fracción de 100 utilizada para presentar información de manera sumaria.

Porcentaje	Fracción	Razón
26%	26/100	26 de cada 100
92%	92/100	92 de cada 100
18.1%	18.1/100	181 de cada 1000
0.2%	0,2/100	2 de cada 1000

Algunas veces, los porcentajes por encima de 100 son utilizados para señalar incrementos.

| 400% | 400 / 100 | 4 veces más |
| 115% | 115/ 100 | 1,15 veces más |

Ejemplo 1 52 de cada 217 estudiantes reprobaron Cálculo I el último año.
Para averiguar el porcentaje de estudiantes desaprobados, tomamos $^{52}/_{217}$ (por 100) = 24%, si redondeamos para obtener el porcentaje.

Ejemplo 2 De una muestra de 81.173 mujeres, 41.829 resultaron alérgicas a los gatos. En porcentaje, $^{41.829}/_{81.173}$ (por 100) = 51,53% resultaron alérgicas a los gatos (redondeando sobre las centenas).

Ejemplo 3 El último año la tienda de accesorios para mascotas de Rafael vendió 412 collares para perros. Este año vendió 431.
Para calcular el incremento sobre las ventas como un porcentaje, se toman las ventas del año anterior como la base; restamos a las ventas del segundo año, las del primero y dividimos por la base: $^{(431-412)}/_{412}$ (por 100)= 4,6% es el incremento de ventas de collares, redondeando sobre las decenas.

Ejemplo 4 En el último mes, el Taller de Electricidad del Automóvil Novello Hnos. facturó un total de $59.031 en concepto de reparaciones. Este mes facturó $51.287. Para calcular un decrecimiento o baja en las ganancias sobre las ventas del último mes, que es la base de la comparación, tomamos la diferencia entre las ganancias y dividimos por la base: $^{(59031-51287)}/_{59031}$ (por 100)= 13,1%, redondeando sobre las decenas.

Ejemplo 5 La tienda de venta de accesorios para mascotas de Rafael compra collares de perro a un mayorista por $ 3,21 y los vende a $ 6,95. Su ganancia es de $3.74, la cual, como porcentaje del precio es $^{3,74}/_{3,21}$ (por 100) = 117%. Su costo como porcentaje está dado entonces por $^{3,21}/_{6,95}$ (por 100) = 46%.

Ejemplo 6 El mes pasado, de los 47 ratones utilizados en los experimentos del Doctor Sebastián Coll, 17 han muerto. Este mes, 24 de 52 ratones murieron. La mortalidad del mes pasado fue de $^{17}/_{47}$ (por 100) = 36,2%, para redondear. La mortalidad de este mes fue de 24/52 (por 100) = 46,2%, redondeando sobre las decenas. El incremento en los decesos fue $^{(46,2-36,2)}/_{46,2}$ (por 100) = 27,6%, redondeando sobre las decenas.

Ejemplo 7 Tomás encuentra en stock artículos de su interés por $600; piensa que es una buena oferta. Los compra; pero una semana después el precio sube a $900 y decide vender. Se hace con $300 – ¡una ganancia de 50%!- Su amiga Wanda escucha del asunto y compra el mismo stock por $900; una semana después el precio ha bajado a $600; entra en pánico y vende. Wanda perdió $300 –un 33 %–. Los mismos $300 representan diferentes porcentajes dependiendo de dónde comenzamos, esto es, dependiendo de la base de comparación:

		$90		
50%	↑		↓	33 $^1/_3$
		$60		

Promedio (media), mediana y moda

Otra manera de establecer un compendio de grupos numéricos es estableciendo la media, la mediana y la moda para ese grupo.

> **Media, mediana y moda**
>
> La *media* o *promedio* de una colección de números se obtiene sumando todos ellos y dividiendo el resultado por la cantidad de números que se ha sumado.
>
> La *mediana* es la marca media. Se obtiene dividiendo en igual número –hacia arriba y hacia abajo– los ítems de la lista (es el valor que está a la misma distancia del mayor y el menor de los valores de la colección).
>
> El *modo* o *moda* es el número que aparece con mayor frecuencia.

Ejemplo 8   para los números 7, 9, 37, 22, 109, 9, 11:
   La *media* o *promedio* se calcula de la siguiente manera:
      Sumamos 7 + 9 + 37 + 22 + 109 + 9 + 11 = 204
      Dividimos 204 por 7 (el número de ítems) = 29,14
   La *mediana* es 11.
   La *moda* o *modo* es 9.

Ejemplo 9   Daniel: Debe ser seguro cruzar aquí. Escuché que la profundidad promedio es de sesenta centímetros.

   Análisis   El promedio (la media) es un dato útil solo cuando sabemos que no existe demasiada variación.

Ejemplo 10   El peso promedio de los niños del 5to grado de la señorita Firpo es de 46,98 kg.
   Análisis   ¿Están la mayoría de los niños cerca ese peso, o hay un grupo importante de niños flacos y algunos pocos obesos? En este caso, la mediana sería más informativa. Mejor aún, con poco más de 30 niños los números podrían ser los de cada caso, junto con un compendio de la mediana.

Ejemplo 11   La mediana de peso de los niños del 5to grado del señor Ludwig este año es de 41,27 kg, mientras que el año pasado fue de 39,91 kg.

Análisis   A los fines de permitir una comparación necesitamos compendiar los números, lo que sin dudas resultará mejor si atendemos a la mediana.

Ejemplo 12   El peso promedio de los niños de 5to grado de la República Argentina es de 34, 6 kg.

Análisis   Nuevamente, la mediana será más informativa. Pero, con un número tan grande de niños, el modo también nos diría mucho.

Ejemplo 13   En Argentina, el salario promedio de los directores de cine es menor que el de los profesores de matemática universitarios.

Análisis   Existe muy poca variación en los salarios de los profesores universitarios de matemática, pero mucha en la de los directores de cine (de $4.500 a $800.000). Los modos y las medianas permiten una comparación más adecuada.

Ejemplo 14   Aquí están las notas del curso sobre Pensamiento Crítico del Dr. D.

95	3 estudiantes
94	7 estudiantes
92	1 estudiantes
90	4 estudiantes
75	1 estudiantes
62	4 estudiantes
57	5 estudiantes
55	4 estudiantes
52	2 estudiantes

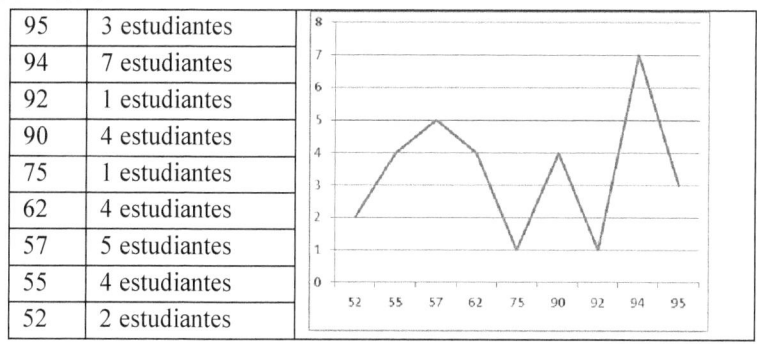

La escala fue la siguiente: 90 a 100 = 10; 80 a 89 = 9; 70 a 79 = 8; 60 a 69 = 7, debajo de 59, no promociona y debe rendir examen final. Cuando María Inés Prono –la jefa de departamento– pregunta cómo ha marchado el curso de ese año, el Dr. D responde: "Genial, tal como querías: la nota promedio fue 75, un 8". Pero ella conoce lo suficientemente bien al Dr. D como para estar satisfecha. Pregunta: "¿Cuál fue la mediana?". "75", replica nuevamente el Dr. D –pues existe la misma cantidad de alumnos arriba y debajo de esta calificación–. Pero sabiendo lo hábil que es el Dr. D con los números, le pregunta cuál fue el número de la moda. Ruborizado, Dr. D contesta: "Bien, fue 94". Ahora María Inés comienza a sospechar que algo no es como lo imagina. Cuando revisa la lista completa ve que, de 31 estudiantes, 11 *desaprobaron* el curso (sacaron menos de 59). Los números del Dr. D son correctos, pero esconden más de lo que revelan. Cuando ella propuso buscar un promedio cercano a 75, estaba pensando en un gráfico como el siguiente:

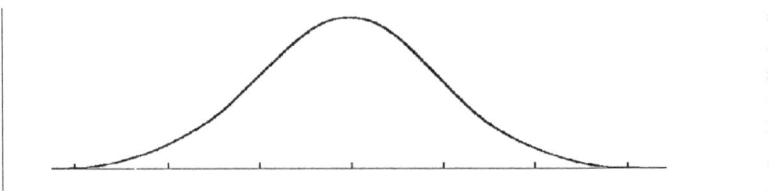

La distribución de las notas debería formar una campana: de esta manera se agruparían cercanas a la mediana.

A menos que tengas buenas razones para creer que el promedio o media está muy cerca de la mediana y que la distribución describe una campana, la media o promedio *no es un dato muy informativo*.

Números y comparaciones engañosos

Ejemplo 15   En nuestra ciudad hubo el mismo número de violaciones que de asesinatos durante el último año.

Análisis   ¿Y? Esto es una comparación engañosa. Es comparar peras y manzanas. Son diferentes tipos de cosas. No hay nada en común para establecer una base comparativa.

Ejemplo 16   Las prisiones en México son un caldo de cultivo para las enfermedades. Los casos de tuberculosis han subido un 7% desde 2005.

Análisis   Esta es una comparación engañosa. Si la población carcelaria desde 2005 se ha incrementado el 10,3%, no es sorprendente que lo haya hecho el número de casos de tuberculosis, aunque la tasa (la cantidad de casos por cada 1000 internos) podría estar en descenso.

Ejemplo 17   ¡Este año el número de asistentes a nuestro seminario "Aprenda usted mismo a salir de sus deudas" aumentó en más de un 50%!

Análisis   A Lisandro esta información le parecía impresionante, hasta que se enteró de que el año pasado el seminario contó con 11 asistentes, y que este año se inscribieron 17 personas. Cuando la base de la comparación no está dada, es solo un caso de *dos veces cero* (sigue siendo cero).

Ejemplo 18   "El delito que más crece. El robo de identidad aumenta en todo el mundo. Tiene vínculos directos con fraudes bancarios y pedofilia. Cómo protegerse y cómo reaccionar ante la usurpación".
El Cronista Comercial, 11/10/11
http://www.cronista.com/legales/El-delito-que-mas-crece-20111011-0042.html

Análisis   Pero ¿cuál es la base? ¿Aumentó de 5 casos a 10? ¿O de 5000 a 6000?

Ejemplo 19   Atletas de la UNM siguen ganando en las clases. Una vez más, los atletas estudiantiles de la Universidad de Nuevo México han aprobado, pero no solo eso. El promedio total de calificaciones de 21 atletas de la escuela fue de 3,05 en el semestre de otoño, según la oficina del registro de la UNM, que supera la mejor marca previa de 3,04, establecido en la primavera de 2003. Es la octava vez en 12 semestres que los Lobos establecen un nuevo récord. Las cifras fueron difundidas el martes.

Análisis   Esta es una comparación engañosa. La base de la comparación debería ser el promedio de calificaciones para todos los estudiantes, pero en ningún momento se nos ofrece ese dato. El promedio general (el de las notas de todos los estudiantes) puede ser 3,0, por lo que los atletas estudiantiles no son mejores que la media. O puede ser que los estudiantes atletas hayan tomado los cursos más fáciles; ¿cuál es la nota promedio para los cursos que tomaron?

Ejemplo 20   "Creció un 34 % el robo de autos en Quilmes. En Quilmes aumentó en el último año un 34% el robo de automóviles. Es el distrito de la zona sur en el que más creció el delito, detrás de Florencio Varela, donde se incrementó un 56,6%".
5 Días, Periódico de Quilmes, 13/08/12

Análisis   Esto no significa que en Quilmes se roben el 34% de los autos; esto significa que si el robo de autos era del 25% está ahora en 33,5 %, lo que es un aumento considerable; pero si el robo era del 2%, es ahora de 2,68 %, lo que es un incremento menor. Si no sabemos cuánto se robaba antes, la comparación es engañosa.

A menudo se nos ofrecen números sin contexto alguno y sin aclarar exactamente qué está siendo medido.

Ejemplo 21   Esquema (encontrado en un folleto) que mide la congestión vehicular. Presenta una lista de ciudades con altos y bajos índices de congestión vehicular; valores de más de 1,0 indican una congestión significativa.

Índices altos		Índices bajos	
Capital Federal	1,57	Rawson	0,68
Rosario	1,43	Corrientes	0,73
Córdoba	1,34	San Luis	0,74
Avellaneda	1,34	Usuhaia	0,76
La Plata	1,33	Esperanza	0,78

Análisis   ¿De qué estamos hablando aquí? ¿En qué términos se mide una congestión vehicular? Este tipo de esquemas, desde nuestra perspectiva, son engañosos.

Ejemplo 22   En el último período de clases, el 22,857% de todos los alumnos del Dr. Letzen desaprobaron el examen de Teoría de la Argumentación.

Análisis   Este es un caso de *falsa precisión*. Es exacto pero engañoso, porque sugiere que se efectuó sobre una muestra muy amplia, cuando en realidad solo fue de 8 sobre 25.

Ejemplo 23   Un artículo de la revista *Science* (vol. 292) dice que efectuar mamografías reduce en un 25% los desenlaces fatales de cáncer mamario en mujeres de entre 50 y 74 años.

Análisis   Esto puede verse como un incentivo para que las mujeres se realicen mamografías. Pero el artículo dice que solo 2 de cada 1.000 mujeres sin síntomas son propensas a morir de cáncer de mamas en los próximos diez años. Reducir el riesgo un 25% significa que como mucho una mujer entre 2.000 en los próximos diez años será salvada de morir de gracias a la mamografía.

Algunas veces se intenta que aceptemos una afirmación porque contiene números, pero nuestra reacción debería ser preguntar: ¿cómo pueden saber eso? Es decir, ¿cómo se obtuvieron esos números?

Ejemplo 24   "La mayoría de los adolescentes –el 68 por ciento– debuta entre los 14 y los 15 años. Y apenas un tercio de los padres dialoga abiertamente sobre sexualidad con sus hijos".

www.terra.com.ar del 3/07/2009

Análisis   ¿Cómo pueden saber estos números? ¿Quién ha hecho el chequeo en cada uno de los hogares donde hay adolescentes? ¿Hicieron una encuesta? ¿A quiénes entrevistaron? ¿Hogares al azar? Pero no en todos los hogares hay adolescentes. ¿Adolescentes que han hecho una consulta médica? Pero muchos de los adolescentes –sobre todos los más pobres– no acceden a este tipo de consulta. ¿Qué tipo de relación califica como "debut sexual"? Puede ser que el informe esté basado en investigaciones serias y confiables, pero si no sabemos nada más que lo que nos dice el ejemplo, solo son afirmaciones vacías.

Ejemplo 25   De un folleto titulado "¿Por qué necesito un ablandador de agua?" hecho por la firma Tratamiento de Agua *Pentair*.

"La Oficina de Estadísticas encontró que entre 17 y 20,8 centavos de cada dólar se gasta en productos de limpieza. (...) ¿El resultado final? El agua blanda ahorra miles de dólares."

Análisis   ¿De qué dólares se está hablando aquí? Si consideramos los millones de dólares que algunos gobiernos invierten en desarrollo militar –y estos no son artículos de limpieza–, veremos que lo anterior no puede ser correcto. Tampoco hay razones para creer que los gastos de los individuos en estos artículos alcancen una suma considerable. Peor aún, no existe una agencia del gobierno denominada "Oficina de Estadísticas".

Ejemplo 26   Héctor: ¿Escuchaste que las solicitudes de desempleo han caído este mes y es una tendencia desde el año pasado?

Daniel: Eso es porque la economía está en alza.

Análisis   O porque existe tanta gente sin trabajo que ya nadie es despedido. Imagina las posibilidades.

Ejemplo 27 "¡No tan rápido! Otra de las "estadísticas" frecuentemente citada en la literatura feminista proviene de la Society for the Advancement of Women's Health. En ella se afirma que 'solamente el 14% de los fondos que manejan los institutos nacionales de salud son destinados al estudio de las enfermedades del 52% de la población'. En otras palabras, las "enfermedades femeninas", tales como el cáncer de mama, obtienen la menor cantidad de fondos. ¡Suena terrible, discriminatorio, injusto! Pero esperen un minuto. Al menos el 76% de las subvenciones de los institutos nacionales de salud son destinados a las enfermedades que afectan a ambos sexos, como las enfermedades cardíacas y el cáncer de pulmón. Y como 76 + 14 = 90, esto significa que las 'enfermedades (exclusivamente) masculinas' no reciben más del 10% de los fondos de investigación, mientras que las mujeres obtienen un 14%.

Esto es un ejemplo de las cosas que llevaron a Benjamín Disraeli a afirmar –hace 130 años– que la mendacidad se presenta de tres formas: "mentiras, mentiras malintencionadas y estadísticas."

J. S. Gordon, *USA Today*, 21/05/1999

Ejemplo 28 Daniel: ¿Sabías que en el Vaticano hay un promedio de más de 2 papas por kilómetro cuadrado?

Zoe: ¡Pero si hay un solo papa!

Daniel: Claro, pero la superficie total del Vaticano es de 0,44 kilómetros cuadrados y $1/_{0,44} = 2,27$. ¿Ves? ¡Más de 2 Papas por kilómetro cuadrado! ¡Los números no mienten!

Análisis Por supuesto que los números no mienten. Los números no "hacen" nada. En este caso, Daniel está tratando de impresionar a Zoe (o de hacerla enojar), y para eso utiliza números de manera engañosa. La cantidad de papas en el Vaticano nunca será mayor que 1, porque ese es el único valor posible (además de 0, por supuesto).

Razonar a partir de la experiencia

14 Analogías

Analogías y comparaciones

> **Analogías** Una comparación se convierte en un *razonamiento por analogía* cuando forma parte de un argumento. Basándonos en la conclusión de un lado de la comparación, inferimos que deberíamos concluir lo mismo del otro lado.

Ejemplo 1 La marihuana debería ser legal. Después de todo, si no la legalizamos, ¿cuál sería la justificación para que el alcohol y el tabaco sigan siendo legales?

Análisis El alcohol es legal. El tabaco es legal. Por lo tanto, la marihuana debería ser legal. Las similitudes entre uno y otro caso son suficientes. Esto es un razonamiento por analogía.

Ejemplo 2 Está demostrado que el DDT produce cáncer en las ratas, por lo que hay una buena posibilidad de que produzca cáncer en los seres humanos.

Análisis Esto es un razonamiento por analogía, que incluye la siguiente comparación no enunciada: "Las ratas son como los seres humanos en los aspectos relevantes". Por eso, si las ratas desarrollan cáncer al ser expuestas al DDT, lo mismo ocurrirá con los humanos.

Ejemplo 3 "Mi amor es como una roja rosa."
                                    Robert Burns

Análisis Esto no es razonamiento por analogía: aquí no hay ningún argumento.

La mayoría de los razonamientos por analogía están incompletos, porque se basan en algún principio general no enunciado. A menudo el valor de una analogía reside precisamente en que nos muestra –o nos permite descubrir– ese principio general no enunciado.

Ejemplo 4 Culpar a los soldados por la guerra es como culpar a los bomberos por los incendios. (Contexto: Country Joe Mc Donald fue una estrella de rock que escribió canciones de protesta contra la guerra de Vietnam. En una entrevista de 1995 para la *National Public Radio* le preguntaron por qué decidió impulsar la construcción de un monumento

dedicado a la memoria de los soldados de esa guerra, en la ciudad de Berkeley, California, su lugar de origen y un importante centro de protestas antibélicas en los años 60 y 70. Esta fue su respuesta.)
Análisis   Esto es una comparación. Pero se intenta que la interpretemos como un argumento.
No culpamos a los bomberos por los incendios.
Bomberos e incendios se parecen a soldados y guerras.
Por lo tanto, no deberíamos culpar a los soldados por las guerras.
¿Pero en qué formas se parecen bomberos e incendios a soldados y guerras? Para que el comentario de Country Joe pase de ser solo una sugerente declaración ambas cosas deberían ser lo suficientemente similares entre sí. Necesitamos identificar cuáles son las semejanzas importantes que podemos utilizar como premisas.

Bomberos e incendios son como soldados y guerras en que ambos:
Visten uniforme
Obedecen a una cadena de mando
No pueden desobedecer órdenes de sus superiores sin afrontar serias consecuencias
Combaten incendios / combaten en la guerra
Consideran concluido su trabajo cuando el incendio/la guerra ha concluido
Hasta hace poco solo podían ser varones
Arriesgan su vida en el trabajo
Los incendios/las guerras resultan en la muerte de otras personas
Los bomberos no comienzan incendios – los soldados no comienzan guerras
Suelen tomar cerveza

Pero eso último es tonto: los bomberos toman cerveza y los soldados también... ¿y?
Cuando preguntamos "¿y?", ya estamos en camino a poder decidir si se trata de una buena analogía. No todas las similitudes son importantes. Tiene que haber alguna manera crucial, relevante, en la que los bomberos que combaten incendios se parezcan a los soldados que combaten en las guerras. Parece que algunas de las similitudes enumeradas más arriba no importan demasiado. Y hay otras que no podemos utilizar porque se basan en una ambigüedad, como cuando decimos que ambos "combaten"

(los bomberos *combaten* incendios, los soldados *combaten* contra otros ejércitos).

No tenemos una buena guía acerca de cómo proceder –y esa es una debilidad del argumento original–. Pero si decidimos tomarnos en serio el comentario de Country Joe, tendremos que encontrar algún principio general que se aplique a ambos lados de la comparación.

Las similitudes que parecen más importantes son que tanto los bomberos como los soldados se ocupan de un trabajo peligroso, en el que intentan poner fin a un problema o un desastre que ellos mismos no comenzaron. Y no querríamos culpar a alguien por ayudar a poner fin a un desastre potencialmente dañino para todos.

> (§)
> Los bomberos tienen un trabajo peligroso.
> Los soldados tienen un trabajo peligroso.
> El trabajo de un bombero consiste en poner fin a un incendio.
> El trabajo de un soldado consiste en poner fin a una guerra.
> Los bomberos no comienzan incendios.
> Los soldados no comienzan guerras.

Sin embargo, aunque agregáramos todas esas premisas al argumento original, seguiríamos sin tener un buen argumento en apoyo de la conclusión (de que no debemos culpar a los soldados por las guerras). Necesitamos un principio general:

> Si una persona ayuda a poner fin a un desastre potencialmente dañino para otros, y que no ha sido provocado por ella, entonces no deberíamos culparla.

Este principio general parece plausible y hace que el argumento resulte válido.

Pero, ¿se trata de un buen argumento? ¿Son verdaderas todas sus premisas? Aquí es donde las diferencias entre bomberos y soldados pueden resultar importantes.

Las primeras dos premisas de (§) son claramente verdaderas, y también la tercera. Pero ¿el trabajo de los soldados consiste realmente en poner fin a una guerra? ¿Y es verdad que los soldados no comienzan las guerras? Prestemos atención a la siguiente diferencia:

Si no hubiera bomberos, de todos modos habría incendios. (Pero) Si no hubiera soldados, no habría guerras.

Sin soldados seguiría habiendo violencia. Pero sin soldados –si no hubiera ni un solo soldado por ninguna parte– no podría existir la violencia organizada de un país contra otro. (Un eslogan antibélico del tiempo de Vietnam decía: "¿Qué pasaría si organizaran una guerra y nadie apareciera a pelear?").

¿Y?
La analogía de Country Joe no debería convencernos, porque el argumento incluye una premisa dudosa. Por supuesto, con esto no probamos que los soldados *deberían* ser culpados por las guerras. Como siempre, *cuando mostramos que un argumento es malo, no demostramos que su conclusión es falsa.* Lo único que hemos mostrado es que no tenemos más razones que antes para creer que la conclusión es verdadera.

Quizá las premisas de (§) puedan ser modificadas, agregando que los soldados generalmente son reclutados para combatir en la guerra; pero eso va más allá del argumento original de Country Joe. Y si quiso decir algo más, entonces es su *responsabilidad* aclararlo. También podríamos utilizar su comparación como un punto de partida para decidir si existe algún principio general basado en esas similitudes que nos diga por qué no deberíamos culpar a los soldados por las guerras.

Pasos en la evaluación de una analogía

1. ¿Es un argumento? ¿Cuál es su conclusión?
2. ¿En qué consiste la comparación?
3. ¿Cuáles son las similitudes?
4. ¿Podemos enunciar las similitudes como premisas y encontrar un principio general que se aplique a ambos lados de la comparación?
5. Ese principio general, ¿efectivamente se aplica a ambos lados?
6. ¿Las premisas son efectivamente verdaderas?
7. ¿Se trata de un argumento válido o fuerte?

Ejemplos

Ejemplo 5 Está mal que el gobierno tenga una deuda inmensa, está tan mal como que una familia tenga más gastos de los que su presupuesto le permite.

Análisis El principio no enunciado tras esta analogía es que lo que es bueno para una persona o una familia también es bueno para un país. Pero, sin otras premisas, esto no convence. Hay grandísimas diferencias entre una familia y un país: una familia no tiene la responsabilidad de reparar las carreteras, pero tampoco puede cobrar impuestos o imprimir dinero.

La *falacia de composición* consiste en argumentar que si algo es verdadero del individuo también es verdadero del grupo, o que si algo es verdadero del grupo también lo es del individuo. La mayoría de las veces las diferencias entre grupo e individuo son demasiado grandes como para que la analogía resulte buena.

Ejemplo 6 "Desde hace al menos tres años, aproximadamente uno de cada tres maestros contratados en California fue incorporado bajo un permiso de emergencia, una licencia provisional que habilita a trabajar a las personas que poseen títulos universitarios, aunque no posean credencial de habilitación para la enseñanza.

'No permitiríamos que un neurocirujano aprenda a hacer su trabajo a medida que lo realiza', declaró Day Higuchi, presidente de Maestros Unidos de Los Ángeles, un sindicato de 41000 maestros. '¿Entonces por qué está bien permitir que alguien que no sabe lo que está haciendo se ocupe de educar a nuestros niños?'."

USA Today, 30/08/1999

Análisis Esto es un argumento, y su conclusión está enunciada en la forma de una pregunta retórica: no está bien permitirle enseñar a alguien que no se ha formado como docente. Sin embargo, Higuchi necesita de otra premisa, como, por ejemplo: "Si una persona carece de título docente, no está preparada para enseñar" o quizá: "Una persona que pretende enseñar sin tener un título docente no sabe lo que hace". Y no es tan claro que eso sea verdadero. La comparación entre un neurocirujano y un maestro presenta demasiadas diferencias como para resultar convincente. Las situaciones en que un maestro podría exclamar "¡Ups! Me equivoqué" –y los resultados previsibles de esas situaciones– no se parecen en nada a las situaciones en que un neurocirujano podría exclamar

"¡Ups! Me equivoqué"; dicho de otro modo: cuando un maestro comete un "pequeño error" en la escuela, los resultados son muy diferentes a cuando un neurocirujano comete un "pequeño error" en el quirófano.

Ejemplo 7 "Desde luego que legalizar las drogas implica riesgos. Deben ser tomados en cuenta y combatidos. Por ello, quienes defendemos la legalización siempre subrayamos que esta medida debe ir acompañada de un esfuerzo paralelo para informar, rehabilitar y prevenir el consumo de estupefacientes perjudiciales para la salud. Se ha hecho en el caso del tabaco y con bastante éxito, en el mundo entero. El consumo de cigarrillos ha disminuido y hoy día quedan pocos lugares donde los ciudadanos no sepan los riesgos a los que se exponen fumando. Si quieren correrlos, sabiendo muy bien lo que hacen, ¿no es su derecho hacerlo? Yo creo que sí y que no está entre las funciones del Estado impedir a un ciudadano que goza de sus facultades llenarse los pulmones de nicotina si le da su real gana."

"La marihuana sale del armario", Mario Vargas Llosa, *El País*, 01/07/2012
http://elpais.com/elpais/2012/06/29/opinion/1340962562_348677.html

Análisis Este es un razonamiento por analogía similar al del ejemplo 1. El autor afirma que el consumo de marihuana se parece al consumo de cigarrillos en que el Estado puede (y debe) prevenir su consumo mediante campañas de información y concientización, pero no debería penalizarlo legalmente. El principio general detrás de esta afirmación es que el Estado no debería interferir con el derecho de cada ciudadano de realizar actividades perjudiciales para su salud, siempre y cuando estén informados de los riesgos que corren y no perjudiquen la salud de los demás.

Ejemplo 8 Susana: Este dulce es realmente bueno para la salud. Mira, en la etiqueta dice: "Solo ingredientes naturales".

Daniel: La grasa y la manteca también son naturales…

Análisis Daniel refuta el argumento de Susana utilizando una analogía: el mismo principio permitiría argumentar que la grasa y la manteca son alimentos saludables, y sabemos que eso es falso.

Ejemplo 9 Tomás: ¡No lo puedo creer! ¡Es la última vez que voy a esa librería! ¿Cómo se les ocurre contratar a gente que no disfruta de leer?

No me sorprende que sean tan malos en su trabajo. Es como poner a un vegetariano a atender una carnicería.

Análisis La conclusión no enunciada es que esa librería no debería tener empleados a los que no les gusta leer. Tomás está utilizando un razonamiento por analogía que se basa en la afirmación no enunciada de que un vendedor que no siente interés por las mercancías que ofrece es incapaz de atender correctamente a los clientes. Para evaluar este argumento debemos considerar si esa afirmación es plausible, pero también deberíamos preguntarnos si las librerías y las carnicerías son lo suficientemente similares como para aceptar la conclusión (es decir, si el principio general se aplica a ambos casos).

Ejemplo 10 "De acuerdo a una declaración de la Administración de Alimentos y drogas, 'la cuestión de la relación entre los tumores cerebrales y el aspartamo se planteó originalmente cuando el organismo consideró su aprobación como aditivo alimentario a mediados de los años 70.
A pesar de ello, el uso de aspartamo fue aprobado en 1981. Dado que se trata de un compuesto efectivo como insecticida y rodenticida, no veo ninguna justificación para su consumo por humanos."

"Ask the Bugman", Richard Fagerlund,
Albuquerque Journal, 09/05/2009

Análisis Esta es una analogía que parte de los efectos dañinos de un determinado químico en animales e insectos y propone un efecto dañino similar al de ese mismo químico en los seres humanos. ¿Pero cuáles son las similitudes relevantes entre animales y humanos, y cómo sabemos que las diferencias no importan? Podríamos refutar este argumento haciendo notar que el chocolate puede matar a un perro, pero resulta perfectamente apropiado para el consumo humano.

Ejemplo 11 (En relación a la propuesta de que el gobierno no debería tomar ninguna medida para impedir que las importantes fábricas automotrices de Chrysler y General Motors fueran a la quiebra en 2008).
"Es sencillo demonizar a la industria automotriz estadounidense. Desde hace años viene demostrando la capacidad de previsión comparable a la de un adicto al crack. Pero cuando incendia su propia casa, hasta un adicto al crack llama a los bomberos, esperando salvar su vida, rescatar lo que se pueda y proteger al resto del vecindario."

Bob Herbert, *The New York Times*, 09/05/2009

Análisis Esta comparación es entre personas que incendian su propia casa y empresas fabricantes de autos que manejan su negocio de manera irresponsable. Pero las diferencias parecen inmensas; en particular, los incendios presentan un riesgo físico inmediato. La sugerencia de Herbert de que el gobierno debería rescatar a la industria automotriz no tendría por qué resultarnos convincente.

Ejemplo 12 Descargar e instalar software de un sitio desconocido es como aceptar caramelos de un extraño.

Análisis Esta afirmación se convierte en un razonamiento por analogía cuando consideramos lo que todas nuestras madres nos han repetido hasta el cansancio: "No deberías aceptar caramelos de un extraño". Y esto sugiere que deberíamos concluir lo siguiente: "No deberías aceptar descargar software de alguien que no conoces". Eso suena bastante bien, pero todavía necesitamos encontrar algún principio general que se aplique a ambos lados de la comparación.

Ejemplo 13
a. Supongamos que el día de mañana se anuncian los resultados de una investigación confiable que demuestra que un líquido extraído sin anestesia de los ojos de gatitos recién nacidos y saludables tiene la propiedad de reducir notablemente las arrugas en los seres humanos. ¿Estaría justificado continuar con las investigaciones que permitan producir ese líquido?
b. Igual que (a), con la diferencia de que –en este nuevo caso imaginario– el líquido se bebe con jugo de naranja y tiene el efecto de reducir considerablemente el riesgo de cáncer en los fumadores.
c. Igual que (a), con la diferencia de que el líquido se mezcla con papas y se come, y tiene el efecto de reducir considerablemente la probabilidad de contraer enfermedades cardíacas y de alargar la vida de las mujeres.
d. Igual que (a), con la diferencia de que al ser ingerido el líquido elimina todos los virus nocivos para los seres humanos.

Análisis Si respondiste que sí a algunas de las preguntas planteadas por estas situaciones hipotéticas y a otras que no, ¿cuáles son las diferencias entre ellas? Si respondiste lo mismo a todas, ¿razonaste por analogía? ¿Qué principio general utilizaste? ¿Darías las mismas respuestas si se remplazara "gatitos" por "perritos"? Evaluar las analogías (similitudes relevantes para la conclusión) y las disanalogías (diferencias relevantes para la conclusión) entre distintos casos puede ayudarnos a echar luz sobre nuestros presupuestos éticos.

Las analogías y el Derecho

La mayoría de las analogías no son lo suficientemente explícitas para funcionar como buenos argumentos. Pero en la ley las analogías son presentadas en la forma de argumentos detallados y cuidadosamente analizados, en los que se señalan las similitudes importantes y se enuncia un principio general.

Las leyes son generalmente vagas (o de textura abierta), lo que les permite lidiar con situaciones nuevas, a las que nadie imaginó que podría llegar a aplicarse esa ley, por ejemplo: ¿los impuestos para las compras por catálogo a través del correo deben aplicarse también a las ventas por internet? Para contestar a estas preguntas un juez debe señalar las similitudes y debe enunciar los principios generales. Luego, esos principios deben ser respetados por otros jueces. Esa es la idea detrás del precedente, o Derecho Común.[1]

"La forma básica del razonamiento legal es el razonamiento por ejemplos. Es un razonamiento caso por caso. Un proceso que consta de tres pasos, descrito por la doctrina del precedente en la cual una proposición descriptiva del primer caso se transforma en norma legal (*i.e.* pasa a formar parte del Estado de derecho) y se aplica luego a una situación similar. Los pasos son los siguientes: se descubre una similitud entre los

---

[1] Epstein está considerando sistemas jurídicos anglosajones (sistemas de *common law*) donde la analogía juega un papel preponderante. En nuestros sistemas jurídicos, los jueces no hacen derecho sino que lo aplican; en este tipo de sistemas la analogía también cumple un rol importante aunque diferente:"…para determinar cuál es el supuesto de hecho al que el derecho conecta la consecuencia normativa, *los jueces no disponen solo del argumento de la interpretación literal sino que pueden recurrir a diversas estrategias interpretativas, como* **la analogía**, *la apelación a principios jerárquicamente superiores del ordenamiento, o directamente a consideraciones de justicia*". (M.C. Redondo; "La Justificación judicial de la *quaestio juris*" el subrayado es nuestro).

casos; luego se procede a anunciar la norma legal inherente al primer caso; luego se aplica la norma legal al siguiente caso[2]."

Edward H. Levi, *An Introduction to Legal Reasoning*

Pero ¿por qué debería un juez respetar lo que dictaminó anteriormente otro juez? Ese tipo de decisiones no son leyes. Imagina que acabas en cárcel por hacer algo que siempre ha sido legal, aunque la ley no haya cambiado. Imagina que tienen un negocio y de repente descubres que has hecho algo, algo que las cortes siempre dictaminaron que era correcto y legal, pero que ahora te expone a cuantiosas demandas civiles porque esta semana un juez dictaminó de manera diferente. Para vivir en una sociedad gobernada por leyes, esas leyes deben aplicarse de manera coherente. No es común que un juez declare que las decisiones pasadas son inadecuadas.

Solo en contadas ocasiones se ha dado el caso de que la Suprema Corte haya expresado que todos los dictámenes acerca de un determinado tema, incluidos los de la misma Corte, habían sido completamente incorrectos. A partir del caso *Brown vs Board of Education* se declaró que era ilegal la segregación en las escuelas (que había sido legal por casi cien años). En el caso *Roe vs Wade* se declaró que era legal practicarse un aborto (algo que por más de un siglo se había dictaminado que era ilegal). Este tipo de decisiones no se toman muy seguido. Y no podría ser de otro modo, porque producen grandes alteraciones en nuestro modo de vida. Nos obligan a replantearnos muchas cosas. Y eso no es algo que podamos hacer muy a menudo. Pero, ¿qué hace un juez cuando se encuentra con quince casos en los que se ha decidido de una manera, el caso de que se ocupa está cubierto por el principio general enunciado a propósito de tales casos, y sin embargo su sentido de justicia lo inclina a

---

[2] Los juristas en sistemas normativos derivados de la codificación alemana y francesa mantienen una tarea parecida, a la descripta arriba por Levi, denominada técnicamente como "dogmática jurídica". "La tarea del jurista dogmático es doble: por un lado, hallar los principios generales que subyacen las normas positivas, lo que se realiza mediante una operación llamada "inducción jurídica"; por el otro, inferir las consecuencias de esos principios generales y de las normas positivas, a fin de solucionar todos los casos (incluso los casos individuales) que puedan presentarse" (Postulado de Completitud del Derecho) (C. Alchourrón y E. Bulygin, 1975; p:90).

decidir de manera contraria? Lo que hace es buscar diferencias entre el caso actual y los otros quince. Luego, modifica el principio general lo suficiente como para que abarque esos quince casos, pero sin incluir el caso actual. Y entonces toma una nueva decisión, que a partir de ahora deberá ser respetada o revocada.

Ejemplo 13   La Suprema Corte dictaminó que un médico tiene el derecho constitucional de poner fin a un tratamiento que prolonga la vida de un paciente terminal o con muerte cerebral (*Cruzan vs Director*, Missouri Department of Health, 497 US. 261). Por lo tanto, la Suprema Corte debería dictaminar que ayudar a cometer suicidio a un enfermo terminal o con mucho sufrimiento –como hizo el Dr. Kevorkian– es un derecho constitucionalmente protegido (*Compassion in Dying vs State of Washington*).

Análisis   La Corte puede decidir de manera acotada por el contexto y declarar que este caso no es lo suficientemente similar al caso de Cruzan, o puede decidir de manera menos acotada al contexto y enunciar un principio que se aplique a ambos casos, o que distinga entre uno y otro. Quizá la Corte decida traer a consideración otros casos, para compararlos con estos dos y tratar de decidir qué principio general debe aplicarse.

Nota: para quien esté interesado en detalles, la decisión de la Corte puede encontrarse en internet.
http://caselaw.findlaw.com/us-9th-circuit/1139892.html

15 Generalizaciones

> ***Generalizaciones*** Una *generalización* es un argumento cuya conclusión es una afirmación acerca de un grupo, la ***población***, a partir de alguna afirmación sobre *parte* de ese grupo, la ***muestra***. La conclusión es una afirmación general, que a veces se llama *generalización*. A las premisas plausibles acerca de la muestra se las llama ***evidencia inductiva*** en favor de la generalización.

La población y la muestra

Ejemplo 1 En un estudio de cinco mil dueños de mascotas en La Plata, Provincia de Buenos Aires, las personas que tenían perros manifestaron sentir una mayor satisfacción respecto a sus mascotas y respecto sus propias vidas. Por lo tanto, los dueños de perros están más satisfechos con sus mascotas y con sus propias vidas que los dueños de otro tipo de animales.

Análisis *Muestra*: Las cinco mil personas de la ciudad de La Plata que afirmaron tener mascotas y a las que se les realizó la encuesta. *Población*: Los dueños de mascotas de todo el mundo.

Ejemplo 2 De los potenciales clientes encuestados, el 72% declaró que le resultaba "muy agradable" el color verde que la marca Yoda planea utilizar en sus nuevos automóviles. Por lo tanto, un 72% de los potenciales clientes encontrarán agradable ese color.

Análisis *Muestra*: El grupo de potenciales clientes entrevistados. *Población*: Todos los posibles clientes. Esta es una generalización estadística.

Ejemplo 3 Cada vez que aumenta el salario mínimo hay quejas de que eso causará inflación y provocará un aumento del desempleo. Pero eso nunca sucede. Así que tengamos cuidado con ese tipo de malos argumentos.

Análisis La conclusión no enunciada es que la suba del salario mínimo no causará inflación ni aumentará el desempleo. Esta es una generalización a partir del pasado acerca del futuro. *Muestra*: Todas las veces en que el salario mínimo aumentó hasta el momento. *Población*:

Todas las veces que el salario mínimo ha aumentado (en el pasado) o aumentará (en el futuro).

Ejemplo 4   La doctora te pide que ayunes a partir de las diez de la noche. A las diez de la mañana te da a beber glucosa. Cuarenta y cinco minutos después te extrae un poco de sangre y la hace analizar. Concluye que no padeces de diabetes.

Análisis   *Muestra*: La sangre que la doctora extrajo. *Población*: Toda la sangre en tu cuerpo.

Ejemplo 5   En una reunión del Concejo Deliberante María presenta una petición para que se instale alumbrado público en su barrio, firmada por todos los vecinos. Al dirigirse al Concejo Deliberante, María dice: "Toda la gente de esta calle apoya la instalación de alumbrado público en este vecindario".

Análisis   Esto no es una generalización. No hay ningún argumento que vaya de parte de un grupo a la totalidad (o a una mayor parte) del grupo, ya que en este caso la muestra coincide con la población.

Muestras representativas

¿En qué consiste una buena generalización? Si tenemos una muestra que es completamente similar a la población, podemos confiar en las generalizaciones que hagamos a partir de ella.

Muestra representativa   Una muestra es *representativa* si ningún subgrupo (ninguna parte de la población) está representado en una proporción mayor que su proporción respecto de la población. Una muestra es *sesgada* (o *viciada*) si no es representativa.

¿Cómo obtenemos una muestra representativa? Podríamos pensar que es posible obtenerla asegurándonos de no introducir ningún *sesgo intencional* al momento de elegir la muestra. Esto se llama **muestreo arbitrario**, y no es confiable.

Ejemplo 6   Para la clase de Sociología, Tomás decidió que intentaría determinar la actitud de los estudiantes respecto al sexo prematrimonial haciéndoles completar un cuestionario a los primeros veinte alumnos que encontrara al salir del Centro de Estudiantes.

Análisis   Tomás no tenía ningún sesgo intencional al elegir la muestra. Pero no hay razón para creer que la muestra es representativa. Puede ser que todos los estudiantes que Tomás entrevistó acabaran de salir de una reunión del Partido Verde, o del grupo de estudios bíblicos, o de una reunión de militantes feministas...

Ejemplo 7   Zoe cree que ella puede hacer un mejor trabajo. Le pide a tres de sus amigos que entreguen cuestionarios a los primeros veinte estudiantes que encuentren a la salida del Centro de Estudiantes, de las oficinas administrativas, y del salón de clases a las nueve de la mañana, a la una y a las seis de la tarde.

Análisis   Aunque hagamos un esfuerzo por evitar el sesgo intencional, eso no garantiza que la muestra será representativa: quizá ese día todos los jugadores de los equipos deportivos de la universidad están de viaje. Necesitamos una mejor manera de seleccionar la muestra.

Muestreo probabilístico   Un *muestreo probabilístico* es aquel que nos asegura que la muestra se selecciona de tal modo que cada miembro de la población tiene la misma posibilidad de estar representado. A este tipo de muestreo también se lo llama ***muestreo aleatorio simple***.

Ejemplo 8   Tomás le asigna un número a cada estudiante del padrón, escribe esos números en pedazos de papel, los pone en un recipiente, y le pide a Susana que vaya sacando los números de a uno por vez. Después entrega el cuestionario a los estudiantes a los que corresponden esos números.

Análisis   Esto quizá no sería una selección probabilística de la muestra (un muestreo probabilístico). Una manera más sencilla de obtener una selección probabilística sería utilizando una tabla de números aleatorios generados por un programa de hoja de cálculos como los que se utilizan en cualquier computadora personal. Para realizar la encuesta, Tomás podría extraer el número del directorio y, si el primer número de la lista es 413, elegir el estudiante con ese número; si el segundo es 711, elegir ese estudiante, y así sucesivamente, hasta contar con una muestra lo suficientemente amplia.

Es muy verosímil que un muestreo probabilístico nos permita obtener una muestra que esté bastante cerca de ser representativa. Y eso se debe a la *ley de los grandes números*, la que, a grandes rasgos, dice que si la probabilidad de que ocurra un determinado suceso es del X por ciento, a la larga ese suceso se verificará en un X por ciento de las veces.

Ejemplo 9   La probabilidad de que al lanzar una moneda salga cara es del 50%. Así, puede suceder que al principio tengamos una serie de 8 cecas, 5 caras, después 4 cecas y luego 36 caras. Pero, si continuamos lanzando la moneda, el número de veces que salga cara estará cada vez más cerca del 50% del total de lanzamientos (o intentos).

Ejemplo 10   De los 20.000 estudiantes en la universidad a la que asiste Tomás, 500 son varones homosexuales. O sea que la probabilidad de seleccionar un varón homosexual para participar de su estudio era de: 500/20000 = 1/40. Si Tomás seleccionara a 300 estudiantes mediante un procedimiento probabilístico, habría solo una pequeñísima probabilidad de que la mitad de ellos hubieran resultado ser varones homosexuales. Por otro lado, lo que sí es muy probable es que 7 u 8 de ellos (alrededor de 1/40 del total de 300) sean varones homosexuales.

Ejemplo 11

Análisis   Daniel está confundido acerca de la ley de grandes números. La bola de la ruleta podría caer en un número rojo cien veces seguidas, y para equilibrar el porcentaje bastaría con que saliera un número negro cada cien rojos durante los siguientes diez mil giros de la ruleta.

La *falacia del apostador* consiste en creer que el hecho de que hayamos obtenido una serie de resultados similares (en intentos recientes) hace más probable que obtengamos una serie de resultados contrarios (en el futuro cercano). "A la larga" puede ser mucho tiempo…

"A la larga, todos estaremos muertos."
John Maynard Keynes

Si seleccionamos una muestra amplia de manera probabilística, la posibilidad de que sea representativa es muy grande, porque la posibilidad de que algún subgrupo se encuentre sobrerrepresentado es mínima – no es completamente nula, pero es muy pequeña. Y no importa que no sepamos nada acerca de cómo está compuesta la población. Después de todo, para saber de antemano qué proporción de homosexuales, de mujeres, de ancianos, etc. existe en una determinada población, *tendríamos que saber prácticamente todo* acerca de esa población. Y si realizamos muestreos es precisamente para averiguar ese tipo de cosas.

En el caso de una muestra probabilística, tenemos buenas razones para creer que es representativa. Por otro lado, es *posible* que una muestra arbitraria sea representativa, pero no tenemos buenas razones para creer que lo sea.

Argumento débil	*Argumento fuerte*
La muestra se selecciona de manera *arbitraria*, (por lo tanto) la muestra es representativa.	La muestra se selecciona de manera *probabilística*, (por lo tanto) la muestra es representativa.
Hay muchas maneras en que la muestra podría ser sesgada.	Es muy improbable (o inverosímil) que sea una muestra sesgada, siempre que sea lo suficientemente grande.

Ejemplo 12 El ejemplo clásico de que un muestreo arbitrario puede ser malo (a pesar de que la muestra sea enorme) es la encuesta realizada en 1936 por *Literary Digest*. La revista envió por correo 10.000.000 formularios para que la gente respondiera a quién votarían en las elecciones presidenciales de ese año. 2.300.000 personas respondieron. En base a esa inmensa muestra, la revista predijo que Alf Landon sería el próximo presidente. Sin embargo, Roosevelt obtuvo el 60% de los votos, una de las mayores victorias de la historia. ¿Qué salió mal? La revista había elegido su muestra a partir de la lista de sus propios suscriptores, y de listas de dueños de teléfonos y de automóviles. Y en 1936 esas personas

pertenecía a la clase social de mayor ingreso, un subgrupo que se inclinaba a favor de Alf Landon.

Ejemplo 13 "Buscamos participantes en seis de las áreas más concurridas de Zúrich, Suiza. Los encuestadores se acercaron a los posibles participantes y les preguntaron si accederían a tomar parte del estudio. De las 272 personas a las que se les preguntó, 185 (el 68%) accedieron. (…) En esta encuesta, los ciudadanos suizos solo mostraron poseer un tercio de los conocimientos médicos mínimos [MMK, *minimun medical knowledge*]. Y estos niveles no mejoraron al tomar en cuenta grupos con experiencia médica (ya fuera personal o profesional), lo que sugiere que en el público en general se verifica una extendida y dramática falta de conocimiento acerca de los síntomas típicos y los factores de riesgo de las enfermedades clínicas más importantes."

L. Bachmann, F. Gutzwiller, M. Puhan, J. Steurer, C. Steurer-Stey y G. Gigerenzer, "¿Poseen los ciudadanos conocimientos médicos mínimos? Una encuesta.", BMC Medicine, vol. 5, nº 14, 2007
http://www.biomedcentral.com/1741-7015/5/14

Análisis Esto es solo un caso de muestreo arbitrario, y no hay ninguna razón para creer que las personas entrevistadas son representativas de la población suiza, mucho menos del "público en general". A pesar de ello, este estudio fue publicado en una revista con referato –si bien se trata de una publicación de internet, que incluye anuncios en su página principal.

Criterios para una buena generalización

Para que una generalización sea buena no es suficiente contar con una muestra que creemos que está cerca de ser representativa. También es necesario que el tamaño de la muestra sea lo suficientemente grande. Pero, ¿qué tan grande debería ser? Básicamente, la idea es calcular cuánto se incrementa la exactitud de nuestra generalización a medida que aumentamos el tamaño de la muestra.

Ejemplo 14 Si Lisandro quisiera investigar cuántos de sus 300 compañeros de la clase de Biología invierten más de 10 horas a la semana en hacer la tarea, podría consultar a 15 o a 20 de ellos. Si entrevistara a 30, eso ya le permitiría hacerse una imagen más adecuada de la situación.

Pero hay un límite. El resultado de entrevistar a 150 de sus compañeros no sería muy diferente del que obtendría si entrevistara solo a 100 de ellos. Y si le preguntara a 200, su generalización no resultaría muy diferente de una basada en una muestra de 250 entrevistas.

Ejemplo 15   De entre los 20.000 estudiantes de la universidad de Tomás, 500 son varones homosexuales. Si Tomás hiciera un muestreo probabilístico de ocho estudiantes, uno de ellos podría ser un varón homosexual. A partir de esa pequeñísima muestra, Tomás podría inferir (erróneamente) que el 12% de sus compañeros son varones homosexuales.

Ejemplo 16   Los fabricantes de la pasta dentífrica Doakes anunciaron que quienes la utilizan regularmente registran un 25% de reducción de las caries, según un resultado certificado por un laboratorio independiente.

Análisis   Esto suena impresionante… Hasta que investigamos el estudio y encontramos que solo consideró doce casos. Con una muestra tan pequeña, puede que por pura suerte se hayan encontrado con el resultado de que seis de las personas que utilizaron el dentífrico tuvieron tres caries cada uno, y las otras seis personas, cuatro caries cada uno.

Generalizar a partir de una muestra que es obviamente demasiado pequeña es lo que llamamos una **generalización apresurada**, basada en **evidencia anecdótica**. Muchas veces podemos confiar en nuestro sentido común para evaluar si una muestra es lo suficientemente grande. Pero cuando generalizamos respecto a poblaciones muy grandes –de, digamos 2.500 o 25.000, o 25.000.000 casos– no hay manera de determinar qué tan grande debería ser la muestra sin un mini-curso de estadística. Cuando evaluamos generalizaciones estadísticas debemos considerar que las personas que realizan el muestreo han tomado en cuenta una cantidad suficiente de ejemplos, lo que es razonable siempre que se trate de una organización respetada o una compañía de encuestas conocida. Sorprendentemente, cuando la población es todos los adultos de Norteamérica, una muestra de 1.500 personas suele ser suficiente.

El tamaño que deberá tener la muestra dependerá también de la **variación** de la población respecto a lo que queremos investigar. Si ya sabemos que la variación es muy pequeña, incluso una pequeña muestra seleccionada arbitrariamente puede ser suficiente. Pero en situaciones en las que sabemos que existe mucha variación, o cuando *no sabemos* cuánta variación hay, necesitamos una muestra grande, y la selección probabilística es la mejor manera de conseguirla.

Ejemplo 17   Tomás: Es increíble cuánta información puede contener un disco compacto. Acabo de comprar uno que trae toda una enciclopedia.
   Análisis   Esta es una buena generalización. La conclusión no enunciada es que cada disco compacto puede contener tanta información como el que Tomás acaba de comprar. Dado que hay muy poca variación en la fabricación de los discos compactos, podemos tener confianza en esta generalización, aunque se base en un solo caso.

Pero una muestra amplia y representativa también puede llevarnos a una mala generalización si no la analizamos correctamente.

Ejemplo 18   El doctor que te extrae sangre para ver si padeces diabetes no obtendrá un resultado confiable si el tubo de ensayo no está limpio, o si olvida pedirte que ayunes la noche anterior. No podremos averiguar las verdaderas actitudes de los alumnos sobre el precio de la matrícula si hacemos preguntas sesgadas. Para hacer un control de calidad en una fábrica de repuestos es inútil tomarnos el trabajo de tomar una muestra probabilística de tornillos, por ejemplo, si después lo único que hacemos es inspeccionarlos a simple vista, en lugar de utilizar un microscopio u otros métodos necesarios para un análisis confiable.

Ejemplo 19   Las encuestas acerca de los hábitos sexuales de las personas son notorias por su inexactitud: cuando se les pregunta a las mujeres acerca de la frecuencia de sus contactos sexuales con varones durante la última semana, mes o año, sus respuestas reflejan un número mucho menor que cuando se les hace la misma pregunta a un grupo de varones. Las cifras obtenidas en uno y otro grupo son tan diferentes que sería imposible que ambas fueran exactas.
En general, los cuestionarios y las encuestas resultan problemáticos porque tenemos que asegurarnos de que las preguntas no introduzcan ningún sesgo en los datos recogidos, y porque los entrevistadores están obligados a confiar en la sinceridad de las respuestas.

Ejemplo 20   En una "Encuesta de base de los líderes demócratas" [Grassroots Survey of Democratic Leaders] de 2005, realizada por el

Comité Demócrata Nacional [Democratic National Comitee] contenía catorce preguntas, entre las cuales estaba la siguiente:
"¿Apoya Ud. los nuevos recortes impositivos dirigidos a las familias de trabajadores?:
Opción A: Sí, con los problemas de nuestra economía, las familias de trabajadores necesitan de ayuda impositiva.
Opción B: No, en este momento un recorte impositivo solo empeoraría el actual déficit fiscal del país."

Análisis No tenemos razones para creer en ninguna generalización basada en los resultados de una encuesta que incluye preguntas tan como las de este ejemplo.

Ejemplo 21 María le preguntó a 33 de sus 36 compañeros de clase si alguna vez habían consumido cocaína. Solo dos de ellos contestaron que sí. María concluyó que casi ninguno de sus compañeros había consumido cocaína.

Análisis Esta es una mala generalización. La muestra es lo suficientemente grande, y probablemente sea representativa, pero no está bien analizada. Si se les pregunta directamente, es muy poco probable que alguien admita haber consumido cocaína. Lo que María necesita es un cuestionario anónimo.

Ejemplo 22 "Según una encuesta del gobierno difundida este miércoles, más de cuatro millones de menores de veintiún años han conducido alguna vez bajo el efecto del alcohol o las drogas. Eso representa uno de cada cinco norteamericanos de entre catorce y veinte años."
Associated Press, 30/12/2004

Análisis No sabemos si para la encuesta se utilizó un cuestionario anónimo, por lo que no tenemos razones para aceptar esta generalización.

Premisas necesarias para una buena generalización
- La muestra debe ser representativa.
- La muestra debe ser lo suficientemente amplia.
- La muestra debe estar bien analizada.

El margen de error y el nivel de confianza

Nunca es razonable creer una generalización estadística cuya conclusión es demasiado precisa.

Ejemplo 23 Según una encuesta, el 27% de los habitantes de Nantucket entrevistados declaró utilizar anteojos, por lo tanto, el 27% de los habitantes de Nuntucket utiliza anteojos.

Análisis Sin importar cuántos habitantes de Nantucket hayan sido entrevistados (salvo que hayan sido todos, o casi todos), no podemos aceptar que exactamente el 27% de los habitantes de esa ciudad usan anteojos. La conclusión correcta sería "alrededor de un 27% de los habitantes utiliza anteojos".

Ese "alrededor de" puede hacerse considerablemente preciso de acuerdo a la teoría de la estadística. El **margen de error** nos proporciona el rango en el que es probable que se encuentre el número para esa población.

El **nivel de confianza** mide la fuerza del argumento a favor de una determinada conclusión estadística, tomando como premisas el método de estudio y las respuestas.

Ejemplo 24 La encuesta de opinión dice que el candidato en funciones fue favorecido por el 53% de los encuestados, y su contrincante por el 47%, con un margen de error del 2% y un nivel de confianza de 95%. Por lo tanto, el candidato en funciones ganará las elecciones de mañana.

Análisis A partir de esta encuesta se concluye que el porcentaje de votantes que favorecen al candidato en funciones está entre el 51% y el 55%, y el porcentaje que favorece a su contrincante está entre el 45% y el 49%. "Un nivel de confianza del 95%" significa que la probabilidad de que de hecho haya entre un 51% y un 55% de votantes que prefieran al candidato en funciones es del 95%. Si el nivel de confianza fuera de un 70%, la encuesta no sería confiable: habría una probabilidad de 3 en 10 de que la conclusión sea falsa. Generalmente, si el nivel de confianza está por debajo del 95%, los resultados no se publican.

Mientras más amplia sea la muestra, el nivel de confianza será mayor y su margen de error será menor. El problema siempre es decidir qué tanto queremos aumentar nuestra inversión en tiempo y en gasto para obtener un argumento más fuerte.

Ejemplo 25 Para un cargamento de treinta placas aislantes, en general bastaría con que tres de ellas pasen la inspección para decidir si todo el cargamento cumple con los estándares de calidad. Pero si van a ser utilizadas en un transbordador espacial, en el que una sola placa defectuosa podría tener resultados catastróficos, deberíamos asegurarnos de inspeccionar cuidadosamente todas y cada una de ellas. El riesgo no hace que un argumento sea más o menos fuerte, pero sí influye en qué tan fuerte deberá ser el argumento para convencernos de aceptar su conclusión.

Ejemplos

Ejemplo 26 Florencia: Todas las veces que algún un extraño se detuvo en la entrada de la casa de Daniel, Sultán ladró. Por lo tanto, Sultán ladrará siempre que haya un extraño en la entrada de su casa.
Análisis Esta es una mala generalización. La muestra se eligió arbitrariamente, por lo que no hay razón para creer que es representativa.

Ejemplo 27 Daniel: ¿Por qué siempre que estoy en la ducha suena el teléfono?
Análisis Un error común al hacer generalizaciones es la *atención selectiva*: solo tenemos en cuenta (o recordamos) lo que nos resulta inusual, y no prestamos atención (u olvidamos) todos los otros casos.

Ejemplo 28 En un estudio realizado a cinco mil animales en la ciudad de Manitoba no se encontró ninguno infectado con la "enfermedad de la vaca loca". Por lo tanto, es bastante probable que en Canadá no haya ningún animal infectado.
Análisis Esta es una mala generalización. No hay razón para creer que estamos ante una muestra representativa. Como mucho, podría servir de apoyo a una conclusión acerca del ganado en la ciudad de Manitoba (y no de todo Canadá).

Ejemplo 29 Susana: A mi madre le diagnosticaron cáncer hace siete años. En todo ese tiempo se negó a recibir tratamiento. Y hoy está perfectamente bien, muy saludable. Los tratamientos para el cáncer son una estafa para sacarle dinero a la gente.
Análisis Esta es una mala generalización basada en evidencia anecdótica.

Ejemplo 30   Daniel: Leí un estudio que decía que las personas que tienen manos grandes son buenas en matemática.

Susana: Ah, eso explica por qué me cuesta tanto hacer divisiones…

Análisis   Es posible que el estudio fuera realizado cuidadosamente en base a una muestra probabilística. Pero no es necesario ningún estudio para darse cuenta de que la inmensa mayoría de seres humanos con manos pequeñas son malos en matemática: los bebés, por ejemplo, tienen manos diminutas y son incapaces de sumar 2 + 2. Es un error creer que un estudio puede apoyar generalizaciones (interesantes) acerca de una población compuesta por todas y cada una de las personas.

Ejemplo 31   De acuerdo a un estudio del Concejo Nacional de Productores Porcinos, el peso de mercado promedio de un cerdo es de 115 kg, y se necesita de alrededor de 1,5 kg de alimento para producir 0,5 kg de cerdo vivo.

Análisis   Aceptar esta generalización del Concejo Nacional de Productores Porcinos es una buena apelación a la autoridad. Aunque no tengamos acceso a los datos utilizados ni a los métodos mediante los que se obtuvieron, se trata de una organización grande, por lo que probablemente contrata buenos expertos en estadística, y no parece tener ninguna razón para mentir a sus propios miembros.

Ejemplo 32   Lisandro: Todas las personas ricas que conocí en mi vida tienen en acciones en la bolsa. Yo también voy a empezar a comprar acciones.

Análisis   Este es un confuso intento de generalización. Tal vez Lisandro piensa que esa evidencia apoya la conclusión de que si compra acciones, se hará rico (es decir, que cualquiera que compre acciones ganará mucho dinero). Pero eso es invertir la dirección del razonamiento. Lisandro confunde la afirmación (1) "Si compras acciones, te harás rico", con (2) "Si eres rico, has comprado acciones." La población para (1) son todas las personas que poseen acciones, no solo los ricos. Esto también es un caso de atención selectiva.

Ejemplo 33   Susana: Estuve leyendo atentamente este libro de astrología, y me parece que definitivamente deberías elegir alguna carrera relacionada con las ciencias.

Lisandro: Sí, estuve pensando en eso, ¿pero qué tiene que ver la astrología?
Susana: Tu cumpleaños es a finales de enero, o sea, eres de Acuario, ¿no?
Lisandro: Sí, nací el 28 de enero.
Susana: Pues bien, es sabido que todos los acuarianos tienen una personalidad científica y un poco excéntrica.
Lisandro: ¡Vamos! Eso no puede ser cierto...
Susana: Claro que sí. Copérnico, Galileo, Thomas Edison... todos ellos eran acuarianos. Y eres el más raro de mis amigos. ¿Qué más tengo que decirte para convencerte?
Análisis Lisandro tiene buenas razones para dudar de la conclusión de Susana. Es una mala generalización, basada en evidencia anecdótica. Es solo un caso de atención selectiva, y de invertir la dirección del razonamiento.

Ejemplo 34 A todos los padres de los alumnos de la escuela secundaria de Socorro, Nuevo México se les envió una "Encuesta de Calidad Educativa" correspondiente al año escolar 2000-2001. Del total de 598 formularios enviados, 166 padres enviaron sus respuestas. Para una de las preguntas, los resultados fueron los siguientes:
"Mi hijo está seguro en la escuela"
6% (10 formularios) Muy de acuerdo
42,8% (71) De acuerdo
28,9% (48) En desacuerdo
13,9% (23) Muy en desacuerdo
7,8% (13) No sabe
0,6% (1) No respondió esa pregunta (casillero en blanco)
Análisis Es imposible obtener una buena generalización a partir de una muestra como esta. Como los miembros se seleccionaron a sí mismos (la muestra está formada solo por los padres que decidieron responder el cuestionario), no tenemos razones para creer que es representativa.

Ejemplo 34 Si a la dieta de los chimpancés se le añaden 100 gramos de chocolate por día, el 72% desarrolla obesidad en un período de solo dos meses. Por lo tanto, es probable que la mayoría de los seres humanos que comen 100 gramos de chocolate por día (sumados a su dieta habitual) desarrollen obesidad en dos meses.

Análisis Para que esta analogía resulte buena, necesitamos una generalización: alrededor del 72% de los chimpancés desarrollarán obesidad en dos meses si a su dieta normal se le agregan 100 gramos de chocolate al día. Pero para que esta sea una buena generalización los investigadores deben poder afirmar que su muestra es representativa. Además, para que el argumento sea bueno, la analogía deberá incluir alguna afirmación acerca de las similitudes (relevantes) entre la fisiología humana y la de los chimpancés. Si tratamos de formular esa afirmación, quedará claro que lo que debería medirse no es la cantidad de chocolate (en gramos) sino la cantidad de chocolate en relación al peso del chimpancé o de los seres humanos.

Ejemplo 35 "Estudio del Injuv revela que consumo de alcohol entre jóvenes de 15 y 29 años disminuyó un 9%. Una baja en el consumo de alcohol entre los jóvenes, reveló un estudio de Instituto Nacional de la Juventud (Injuv), que fue presentada esta mañana por el ministro de Desarrollo Social, Joaquín Lavín, junto al director del organismo, Luis Felipe San Martín. El estudio, que fue aplicado a más de ocho mil jóvenes de entre 15 y 29 años, mostró que el 69% de los hombres dice haber ingerido alcohol durante el último año, mientras en las mujeres este porcentaje es del 55%."

La Tercera, 28/12/2012
http://www2.latercera.com/noticia/estudio-del-injuv-revela-que-consumo-de-alcohol-entre-jovenes-de-15-y-29-anos-disminuyo-un-9

Análisis La muestra (más de ocho mil entrevistados) es lo suficientemente amplia como para ser representativa respecto de la población (jóvenes chilenos de entre 29 y 15 años). Pero no sabemos si se realizó un muestreo probabilístico; además, deberíamos asegurarnos de que las respuestas son sinceras y que la muestra está bien analizada.

Ejemplo 36 "Estudio Consumo de Alcohol. Jóvenes entre 15 y 29 años.
Ficha Metodológica:
Este estudio es parte de los datos de la Séptima Encuesta de Juventud, cuyos distintos capítulos se irán dando a conocer durante 2013.
Universo: jóvenes, hombres y mujeres, de entre 15 y 29 años pertenecientes a todos los niveles socioeconómicos, residentes en las 15 regiones del país.
Diseño Muestral: Muestreo multietápico, probabilístico en todas sus etapas. El tamaño de la encuesta es de 8.352 casos. El margen de error

muestral asciende a +/- 1,2%, a nivel nacional, con un nivel de confianza del 95%, bajo supuesto de varianza máxima.
Técnica: Entrevista presencial en hogares. Formato auto-aplicado para todas las preguntas referidas a sexualidad drogas y violencia.
Instrumento: Cuestionario con más de cien preguntas.
Período de Recolección de datos: El levantamiento de datos se realizó entre los meses de mayo y agosto de 2012."

Instituto Nacional de la Juventud,
Diciembre 2012, VII Encuesta Nacional
de la Juventud
http://www.injuv.gob.cl/portal/

Análisis   El Instituto Nacional de la Juventud publica en su página web (http://www.injuv.gob.cl/portal/) la información acerca del estudio del que habla la noticia del ejemplo anterior. Ahora podemos ver claramente cuál es la población (aquí llamada "universo"), así como el tamaño exacto de la muestra (8.352 casos). Sabemos que se trata de un muestreo probabilístico en todas sus etapas, con un margen de error de +/- 1,2% y un nivel de confianza del 95%. Aunque no tenemos acceso a los formularios, sabemos que constan de más de cien preguntas, y que los encuestadores no intervinieron en ninguna de las preguntas referidas a drogas y violencia ("formato auto-aplicado"...), lo que debería aumentar nuestra confianza en que las respuestas son sinceras. Y, dado que la encuesta fue realizada por una empresa especializada por encargo de un organismo gubernamental, es razonable suponer que los resultados están bien analizados y las conclusiones son confiables.

16 Causas y efectos

Describir causas y efectos

¿Qué es exactamente una causa?

Ejemplo 1 Anoche Daniel dijo: "Sultán hizo que me despertara".

Sultán fue la causa de que Daniel despertara. Pero la causa no fue simplemente que Sultán *exista*. La causa de que Daniel despertara fue algo que Sultán hizo. Que Sultán ladrara causó que Daniel despertara.
¿Entonces la causa es que Sultán ladró? ¿Y qué clase de cosa es esa? La manera más sencilla de describir la causa es diciendo:

    Sultán ladró.

Y la manera más sencilla de describir el efecto es diciendo:

    Daniel (se) despertó.

Las causas y los efectos se pueden describir mediante afirmaciones.

> *Afirmaciones causales*   Una afirmación causal es una afirmación que dice (o puede ser parafraseada como) *X causa Y* o, *X es (fue, será) causa de Y*.
> Una **afirmación causal particular** es una afirmación en la cual la (presunta) causa puede describirse utilizando una sola afirmación causal, y el efecto también puede describirse mediante una sola afirmación causal.
> Una **afirmación causal general** es una afirmación que generaliza varias afirmaciones causales particulares.

Ejemplo 2   Sultán causó que Daniel despertara.

Análisis   Esta es una afirmación causal particular, en la que la presunta causa puede describirse utilizando una sola afirmación: "Sultán ladró"; y el supuesto efecto, afirmando: "Daniel despertó". A partir de esta causa y este efecto particulares podríamos generalizar, y decir, por ejemplo: "Que un perro ladre fuerte cerca de una persona dormida causa que esa persona despierte (si no es sorda)". Y esta ya es una afirmación causal general. Para que esta afirmación sea verdadera, muchas afirmaciones causales particulares tendrán que ser verdaderas.

Ejemplo 3   La sirena del patrullero causó que Daniel detuviera su automóvil (al costado del camino).

Análisis   Esta es una afirmación causal particular. La presunta causa puede describirse como: "El policía hizo sonar la sirena", y el presunto efecto como: "Daniel detuvo su auto al costado del camino".

Ejemplo 4   La multa por exceso de velocidad que el policía le hizo a Daniel hizo que la prima de su seguro automotor aumentara.

Análisis   Esta es una afirmación causal particular. La presunta causa es: "Daniel recibió una multa por exceso de velocidad"; y el presunto efecto: "La prima del seguro automotor de Daniel aumentó".

Ejemplo 5   Recibir una multa por exceso de velocidad hace que aumente la prima del seguro automotor (de quien recibe la multa).

Análisis   Esta es una afirmación causal general. Para que sea verdadera, todas las afirmaciones causales particulares (como las del ejemplo anterior) tienen que ser verdaderas.

Ejemplo 6 La penicilina evita infecciones graves.
Análisis ¿Cuál es la causa? ¿La existencia de la penicilina? No, lo que evita infecciones graves es que la penicilina sea administrada a determinadas personas en ciertas cantidades y en una determinada etapa de la infección. ¿Y qué es exactamente una "infección grave"? Esto es demasiado vago como para considerarlo una afirmación causal.

Ejemplo 7 La falta de lluvia provocó la pérdida de la cosecha.
Análisis Aquí la presunta causa es "No hubo lluvia", y el presunto efecto, "Se perdió la cosecha." Y este ejemplo fue verdadero en 2008 para gran parte de la República Argentina (en algunas provincias llovió un 30% por debajo del registro normal). No es indispensable que la causa sea algo activo; casi cualquier afirmación que describa el mundo puede considerarse como la descripción de una causa.

Condiciones necesarias para causa y efecto

¿Cuáles son las condiciones necesarias para que una afirmación causal sea verdadera?
Que la causa y el efecto hayan tenido lugar.

Es decir, que la afirmación que describe la causa y la afirmación que describe el efecto sean ambas verdaderas. No diríamos que los ladridos de Sultán causaron que Daniel despertara si Sultán no hubiera ladrado o si Daniel no se hubiera despertado.

Que sea (casi) imposible que la causa tenga lugar sin que tenga lugar el efecto.

Tiene que ser (casi) imposible que la afirmación que describe la causa sea verdadera y la afirmación que describe el efecto sea falsa. No puede ser solo una coincidencia que Daniel despertara precisamente cuando Sultán ladró.

Esta condición es como la relación entre las premisas y la conclusión en un argumento válido o fuerte. Pero aquí no estamos tratando de convencer a alguien de que la conclusión es verdadera: ya sabemos que Daniel se despertó. Lo que aprendimos estudiando los argumentos nos sirve para reconocer que en estos casos también deberíamos tener en cuenta las posibilidades: las maneras en que las premisas pueden ser verdaderas y la conclusión, falsa. Así podremos averiguar si efectivamente hay una relación de causa y efecto. Al igual que con los argumentos, para mostrar que el efecto se sigue de la causa muchas veces tendremos que agregar alguna premisa no enunciada.

Ejemplo 8   Para que sea *imposible* que "Sultán ladró" sea verdadera y "Daniel despertó" sea falsa hay muchas otras cosas que deberían ser verdaderas:
Daniel dormía profundamente hasta que Sultán comenzó a ladrar.
Sultán comenzó a ladrar a las tres de la mañana.
Sultán estaba cerca del lugar donde Daniel dormía.

Y podríamos seguir... Pero, al igual que con los argumentos, enunciamos solo lo que creemos importante y dejamos fuera lo más obvio. Si alguien nos desafiara a dar más precisiones, podríamos agregar: "No había un terremoto, ni estalló un petardo en el dormitorio de Daniel, ni...". Pero eso es algo que presuponemos como parte de las *condiciones normales*.

Condiciones normales   Las *condiciones normales* de una afirmación causal son las afirmaciones obvias y plausibles que se necesitan para establecer que la relación entre la presunta causa y el presunto efecto es válida o fuerte.

Ejemplo 9   Que un perro ladre fuerte cerca de una persona que duerme causa que esa persona se despierte, si no es sorda.
Análisis   Para una afirmación causal general como esta, las condiciones normales no serán solo las de esta situación particular (en la que Sultán despertó a Daniel a las tres de la mañana), sino que serán condiciones normales generales.

Que la causa tenga lugar antes que el efecto (que la causa preceda al efecto).
Si Sultán hubiera comenzado a ladrar recién después de que Daniel despertara, no aceptaríamos que sus ladridos fueron la causa de que Daniel despertara. La causa debe preceder al efecto (debe ocurrir antes). Es decir, "Sultán ladró" llegó a ser verdadera antes de que "Daniel despertó" llegara a ser verdadera.

Que la causa suponga una diferencia (relevante).
Si no hubiera causa, no habría efecto.

Ejemplo 10   El Dr. D tiene un miedo irracional a los elefantes. Así que consiguió un amuleto indígena y lo colgó frente a la puerta de su casa para asegurarse de mantener alejados a los temibles paquidermos. El Dr. D vive en Paraná, Entre Ríos, a miles de kilómetros de África o de Asia, pero afirma con confianza que su amuleto cumple eficazmente la tarea de mantener alejados a los elefantes. Después de todo, desde que lo instaló no ha visto acercarse a ninguno...

¿Y cómo podemos estar tan seguros de que colgar el amuleto no es la causa de que los elefantes se mantengan alejados de la casa del Dr. D? Fácil, porque si no hubiera colgado el amuleto, los elefantes de todos modos se habrían mantenido alejados. ¿Qué elefantes? Bueno... todos. Para cualquier persona que viva en Paraná (como el Dr. D), el amuleto es tan efectivo como cualquier otro repelente de elefantes... No supone ninguna diferencia.

Que no exista una causa compartida.

No decimos que la noche es causa del día, porque la afirmación "Era de noche" y la afirmación "Ahora es de día" comparten una misma causa. Y esa causa es: "La Tierra experimenta un movimiento de rotación sobre su propio eje en relación al Sol".

Ejemplo 11   Daniel: Zoe está irritable porque no está durmiendo bien.

Tomás: Puede ser por todo el café que toma. Eso es lo que la pone tan irritable y lo que no le permite dormir bien.

Análisis   Al sugerir la posibilidad de que haya una causa compartida, Tomás no está mostrando que la afirmación causal de Daniel es falsa. Pero sí arroja dudas acerca de la verdad de esa afirmación. Para averiguar cuál de las dos afirmaciones resulta más verosímil debemos revisar si en un caso y en el otro se cumplen el resto de las condiciones para causa y efecto.

En resumen, las condiciones para que una afirmación causal sea verdadera (cuando causas y efectos se describen mediante afirmaciones) son las siguientes:

Causas y efectos 141

Condiciones necesarias para causa y efecto
1. Que la causa y el efecto hayan tenido lugar (que ambas afirmaciones sean verdaderas).
2. Que sea casi imposible que la causa tenga lugar sin que tenga lugar el efecto.
3. Que la causa tenga lugar antes que el efecto.
4. Que la causa suponga una diferencia relevante.
5. Que no exista una causa compartida.

Estas son condiciones necesarias, aunque en la práctica las tratamos como si fueran condiciones suficientes.

Ejemplo 12   El gato hizo que Sultán se escapara.

Causa   ¿Cuál es la causa? No es solamente el gato. ¿Cómo podríamos describirla mediante una afirmación? Quizá diciendo: "Un gato maulló cerca de Sultán".

Efecto   Sultán se escapó.

La causa y el efecto sucedieron. Está claro que el efecto es verdadero. Y la causa es muy plausible: casi todas las cosas que maúllan son gatos.

La causa precede al efecto. Sí.

Es (casi) imposible que la causa sea verdadera y el efecto sea falso. ¿Qué es lo que deberíamos presuponer como "lo normal" en este caso?

Daniel sacó a pasear a Sultán y Daniel no sostenía con fuerza la correa, lo que permitió que Sultán pudiera soltarse. Sabemos que Sultán suele perseguir gatos y que oyó un maullido en las cercanías. Podríamos continuar, pero esto parece suficiente para asegurarnos de que no es probable que un gato maullara cerca de Sultán sin que Sultán saliera corriendo tras él.

La causa supone una diferencia relevante. ¿Habría escapado Sultán si un gato no hubiese maullado cerca de él? Aparentemente, no, dadas las condiciones normales, porque Daniel parece sorprendido de que escapara. Quizá Sultán habría salido corriendo con solo ver al gato. Pero no parece que haya sido así. Podríamos tratar de modificar nuestra descripción de la causa: "Un gato –que Sultán no había notado anteriormente– maulló cerca de él". Ahora sí podemos creer que la causa (así formulada) supone una diferencia relevante.

¿Existe una causa compartida? Quizá un camión que transportaba comidas tuvo un accidente cuando el gato se cruzó en su camino, y eso que hizo que el gato maullara, y también hizo que Sultán saliera corriendo... Pero no. Sultán no habría ladrado, ni habría gruñido (como hace cuando se prepara a perseguir un gato). O quizá el gato tuvo la mala suerte de quedar en medio de una pelea entre otros perros (y Sultán siempre se suma a las peleas de otros perros). Puede que ese haya sido el caso. No lo sabemos. Es posible que exista una causa compartida, pero no parece probable (o verosímil).

Evaluación. Tenemos buenas razones para creer la afirmación original, según nuestra interpretación revisada. Es decir, "La causa de que Sultán escapara fue que un gato –que él no había notado anteriormente– maulló cerca de donde él paseaba, y Sultán lo escuchó".

Estos son los pasos que deberíamos seguir para establecer una afirmación causal. Sin embargo, si podemos mostrar que al menos uno de estos pasos falla, no es necesario seguir revisando los demás.

Errores habituales al razonar sobre causas y efectos

Buscar una causa demasiado lejana

A veces decimos que la causa debe estar cercana al efecto, tanto espacial como temporalmente. Pero el astrónomo tiene razón cuando dice que la luz emitida por la estrella causó la imagen que vemos en la fotografía, a pesar de que esa estrella esté muy lejos de nosotros y de que sabemos que su luz tarda millones de años en llegar hasta la Tierra. El problema no es qué tan lejos del efecto esté la causa (espacial o temporalmente). El problema es cuántas cosas se interponen entre la causa y el efecto; es decir, si podemos especificar las condiciones normales. El problema de buscar una causa demasiado lejana es que las condiciones empiezan a multiplicarse. Y cuando hay demasiadas condiciones ya no podemos imaginar cuál de todas ellas tendríamos que establecer para asegurarnos de que es imposible que la causa sea verdadera y el efecto sea falso. Eso sí es ir demasiado lejos.

Ejemplo 13   Un día, cuando yo tenía cuatro años, el reloj despertador de mi mamá se quedó sin pilas y no sonó. Era el último día de inscripciones para el jardín de infantes Kernberger, pero ella llegó tarde y no pudo anotarme. Y es por eso que en toda mi vida nunca pude conseguir un buen trabajo. Ahí está la causa de todas mis desgracias: un par de pilas de mala calidad.
 Análisis   Esto es buscar una causa demasiado lejana.

Invertir (el orden de) causa y efecto

Si al invertir el orden de la causa y el efecto obtenemos una afirmación que no es menos plausible que la original, deberíamos seguir investigando la evidencia antes de hacer algún juicio.

Ejemplo 14   Susana: Sentarse cerca del televisor te arruina la vista.
 Zoe: ¿Cómo lo sabes?
 Susana: Tengo cuatro amigos que fueron conmigo a la escuela primaria, y ellos siempre se sentaban muy cerca del televisor. Ahora todos necesitan anteojos.
 Zoe: Pero... ¿Y no puede ser que todos se sentaran tan cerca del televisor porque *ya tenían* problemas para ver de lejos?
 Análisis   Zoe no mostró que la afirmación de Susana es falsa. Pero su sugerencia de que podríamos invertir el orden de causa y efecto plan-

tea las suficientes dudas como para que nos sea imposible aceptarla hasta no contar con más evidencia. Hasta entonces, deberíamos suspender el juicio.

Preocuparnos demasiado por encontrar una causa
Tratamos de encontrar las causas de las cosas porque queremos entender, y queremos entender para poder controlar nuestro futuro. Pero algunas veces lo mejor que podemos decir es que se trata de una coincidencia.

Ejemplo 15 Si un amigo te cuenta que su antigua profesora de música fue aplastada por un piano precisamente el día en que él soñó que la encontraba en un recital, no deberías apresurarte a sacar conclusiones acerca de sus asombrosos poderes proféticos. Recuerda la ley de los grandes números. Si es posible que algo suceda, dado el tiempo suficiente, terminará por ocurrir. Después de todo, la mayoría de nosotros soñamos, así que hay, digamos, un sueño por noche por cada uno de los 40 millones de habitantes de Argentina. Y eso son al menos 280 millones de sueños por semana. Además, si tenemos en cuenta todas las posibles interpretaciones que podemos hacer de cada sueño y la gran cantidad de cosas que podrían interpretarse como sueños que "se cumplen", lo asombroso sería que no encontráramos muchísimos sueños que parecen predecir el futuro.

Pero, ¿no era que todo tiene alguna causa? ¿Y no deberíamos tratar de encontrarla? Sería imposible encontrar las causas de gran parte de las cosas que ocurren en nuestras vidas –sencillamente, no sabemos lo suficiente, hay demasiadas cosas que ignoramos–. Y es por eso que normalmente tenemos que aceptar que muchas cosas son producto del azar o la coincidencia. No aceptarlo nos podría hacer caer en la paranoia, y terminaríamos gastando muchísimo dinero en parapsicólogos (o en brujas, mentalistas, psicoanalistas, etc.).

Ejemplo 16 En Paraná, mientras prepara la cena, un hombre hiere accidentalmente su mano izquierda con un cuchillo afilado. En ese mismo momento, su madre, que vive en Río Gallegos (a más de dos mil kilómetros), siente un agudo dolor en la mano izquierda. ¿Coincidencia?

Análisis Sí, eso es precisamente lo que quiere decir "coincidencia".

Post hoc ergo propter hoc **("Después de esto, por lo tanto, por causa de esto")**
Es un error argumentar que simplemente porque una afirmación resultó verdadera *antes* de que resulte verdadera alguna otra afirmación, la primera *tiene que ser* causa de la segunda. Que una afirmación B se vuelva verdadera en un momento posterior a alguna otra afirmación A *no nos autoriza a sostener que A es causa de B.*

Ejemplo 17   Lisandro: En el último examen de Lógica tenía puesta mi camisa a rayas, y tuve una buena calificación. ¡En el próximo examen voy a usar la misma camisa!
Análisis   Esto es un razonamiento *post hoc.*

Ejemplo 18   Un estudio reciente muestra que todas las personas que consumen heroína comenzaron consumiendo marihuana. Por lo tanto, fumar marihuana es causa de eventual consumo de heroína.
Análisis   Esto puede ser verdad. Pero también es muy probable que todas esas personas hayan comenzado sus vidas consumiendo leche materna… Si no tenemos más evidencia, el argumento es solo un razonamiento *post hoc*.

La falacia de ***inferir causación a partir de una correlación*** consiste en afirmar que una correlación cualquiera es suficiente para establecer una relación de causa a efecto. No es más que una versión exagerada del razonamiento *post hoc* o de la inversión de causa y efecto.

La mejor manera de evitar estos errores cuando razonamos sobre causas y efectos es experimentar. Conviene empezar por conjeturar posibles causas, y después ir eliminándolas mediante la experimentación, hasta que quede solo una, para finalmente revisar esa causa. ¿Supone una diferencia relevante? Si eliminamos la presunta causa, ¿seguiríamos teniendo el efecto? Muchas veces será imposible llevar a cabo el experimento, pero podemos hacer un experimento imaginario. Es lo que siempre hacemos cuando razonamos bien: imaginar las posibilidades.

Ejemplos

Ejemplo 19   "Caen el Merval y los bonos, sube el riesgo país.
Luego de que ayer la Argentina advirtiera ante la Corte de Nueva York que no cumplirá voluntariamente un fallo en contra por los fondos bui-

tres, este jueves (28/02) se desplomó el Merval (-2,9%) y cayeron los bonos hasta 6 puntos."

Urgente24, 28/02/2013

Análisis   La presunta causa es "la Argentina advirtió ante la Corte de Nueva York que no cumplirá voluntariamente un fallo en contra por los fondos buitres", y el presunto efecto es "se desplomó el Merval (bajó 2,9%) y cayeron los bonos hasta 6 puntos".

¿La supuesta causa supone una diferencia relevante?

Una semana antes de la presentación en la Corte de Nueva York una caída generalizada de precios comenzaba en la bolsa por razones diferentes:

"La Bolsa porteña cayó con fuerza por un retroceso generalizado de precios debido a la incertidumbre que generaron unos indicadores negativos divulgados en los Estados Unidos. Siderar se hundió 7,25%, Petrobras Argentina perdió 6,47% e YPF cayó 6,25%. Los bonos, por su parte, finalizaron mixtos."

El Cronista Comercial, 21/02/2013

Ejemplo 20   "La falta de estímulos a la creación de nuevos puestos de trabajo en Hungría amenaza con hacer tambalear los mercados."

Associated Press, 05/06/2010

Análisis   Cada día los reporteros seleccionan lo que les parece la noticia más importante, y adjudican la suba o baja de los mercados a ese hecho. Y eso no es otra cosa que razonamiento *post hoc*.

Ejemplo 21   Florencia: La ensalada engorda. Lo sé porque Wanda está gorda, y ella siempre come ensalada.

Análisis   Florencia está invirtiendo el orden de causa y efecto.

Ejemplo 22   Zoe: Mi vida es un desastre. Desde ese momento, hace tantos años, en que le diste a entender a Sandra que a mí me parecía lindo su novio, no he podido ser feliz. Ella creyó esa mentira tuya, y se aseguró de que yo nunca pudiera entrar al equipo de hockey. Y ahora nunca seré una leona… Es tu culpa que ahora sea tan miserable.

Daniel: Bueno, tranquila, tranquila. Todo va estar bien…

Análisis   Zoe está buscando una causa demasiado lejana. Daniel recuerda el Principio de Discusión Racional, y por eso se dedica a consolarla en lugar de tratar de razonar con ella.

Ejemplo 23   La causa de la falsificación es la existencia del dinero.

Análisis   Esta es una afirmación causal general que abarca todas las afirmaciones particulares del tipo de: "Que haya existido dinero en tal o cual sociedad fue la causa de que tal o cual persona falsificara dinero." Y, por cierto, no nos falta evidencia inductiva en favor de esta afirmación. Pero el problema no es ese, sino que, aunque la afirmación es verdadera, no es interesante. Es buscar una causa demasiado lejana. Que una sociedad posea un sistema monetario es parte de las condiciones normales bajo las que puede darse el efecto de que alguien falsifique dinero.

Ejemplo 24   "Cuando las personas empiezan a perder sus puestos de trabajo, tenemos desocupación."

Presidente Calvin Coolidge

Análisis   Esto no es una afirmación causal. Es una definición.

Ejemplo 25   (Anuncio publicitario del Consejo del Huevo en el Aeropuerto de Des Moines). "Los niños que desayunan todos los días no solo se desempeñan mejor académicamente, sino que también se comportan mejor."

Archivos de Medicina Pediátrica Adolescente

Análisis   Este anuncio pretende que creamos que la correlación demuestra que se trata de causa y efecto. Pero sabemos que deberíamos tratar de imaginar otras posibilidades. En particular, puede haber una causa compartida. Un niño que desayuna todos los días probablemente tenga padres más dedicados o con una mejor posición económica que un niño que no desayuna todos los días, y por eso es muy probable que se comporte mejor y que obtenga mejores calificaciones.

Ejemplo 26   María: Mi miedo a ser despedida es la causa de que nunca llegue tarde a mi trabajo.

Análisis   ¿Qué es el miedo? Aquí la presunta causa es "María teme ser despedida", y el presunto efecto, "María siempre llega a horario a su trabajo." ¿Es posible que María tenga miedo de ser despedida pero aun así llegue tarde al trabajo? Claro que sí, aunque quizá no bajo las condiciones normales; es decir, que María haya puesto el despertador a la hora correcta, que el despertador funcione correctamente, que María no se quede dormida, que no haya mal tiempo o huelga en los servicios de transporte público…

Pero esta afirmación causal, ¿no significa además que María *se asegurará* de que todas estas afirmaciones sean verdaderas, o bien se asegurará de llegar a horario aunque no estén dadas todas esas condiciones? Dijimos que la causa de que María no se permita quedarse dormida es precisamente su miedo a ser despedida. Pero, entonces, ¿cómo podemos juzgar si su afirmación es verdadera? Es fácil imaginar situaciones en las que la causa sea verdadera y el efecto sea falso (por eso necesitábamos considerar las condiciones normales). Pero lo que hace que María crea que el miedo es la causa de su puntualidad es precisamente el hecho de que se asegura de llegar a horario *a pesar de que no se cumplan las condiciones normales*.

Muchas veces las causas subjetivas dependen de nuestras sensaciones o sentimientos. Dependen de la sensación de que en cierto modo tenemos control sobre nuestros actos. Por eso casi siempre resultan demasiado vagas para considerarlas verdaderas o falsas.

Ejemplo 27 (Publicidad). "Los estudios muestran que tres tazas de cereales al día acompañados de una dieta baja en grasas ayudan a mantener bajos niveles de colesterol."
Análisis Por sí misma, una dieta baja en grasas ayudará a que no tengamos colesterol elevado, así que no está claro que la presunta causa suponga una diferencia relevante. Y tres tazas de cereal son mucho cereal...

Ejemplo 28 Los otros días mi vecina me comentaba que esta temporada fue de lo peor para su alergia, pero yo le dije que a mí no me pasaba lo mismo: en lo que va del año no me había atacado ni una sola vez. Y ahora resulta que desde hoy a la mañana no puedo parar de estornudar. ¡Ufa! ¿Por qué me habrá hecho acordar de eso? Ojalá no me hubiese dicho nada...
Análisis Esto podría ser causa y efecto, pero la evidencia no es convincente. Es solo otro caso de *post hoc ergo propter hoc.*

Ejemplo 29 El Tratado de Versalles causó la Segunda Guerra Mundial.
Análisis La presunta causa es "Se firmó y entró en vigencia el Tratado de Versalles". El presunto efecto es "La Segunda Guerra Mundial tuvo lugar. Para analizar una conjetura como esta, un historiador escribe un libro. Es necesario detallar las condiciones normales. El historiador debe mostrar que la consecuencia previsible de la firma del tratado sería el rearme de Alemania. Pero ¿también era previsible que Chamberlain entregara Checoslovaquia? Sería más plausible argumentar que la firma del tratado fue una de las causas de la Segunda Guerra Mundial, y no la causa. Cuando varias afirmaciones son tomadas en conjunto como causa de algo, decimos que cada una describe *una de las causas*, o que es *un factor causal*.

Ejemplo 30 Tomás: La única vez en toda mi vida en que sufrí dolor de espalda fue la semana pasada. El día que había salido a pasear en bicicleta a la mañana temprano, ese día que hizo tanto frío. Andar en bicicleta nunca me había molestado, así que seguro fue el frío lo que hizo que me doliera la espalda.

Análisis La presunta causa es "La mañana en que Tomás salió a pasear en bicicleta hacía mucho frío". Y el efecto, "Tomás sufrió un dolor de espalda". En este caso todos los criterios para una afirmación causal parecen estar satisfechos. Pero puede ser que Tomás haya pasado por alto alguna otra causa. Por ejemplo, que ese día tampoco se sentía muy bien del estómago, por lo que puede haber sido una gripe. O quizá fueran los nervios, porque la noche anterior había tenido una discusión con Susana. Para poder comprobar si su afirmación causal es verdadera, debería hacer la prueba de salir a pasear en bicicleta alguna otra mañana de frío. Pero aun así puede ser un error preocuparse tanto por encontrar *una* causa (quizá se trata de un conjunto de causas). Y también hay otra posibilidad: que Tomás nunca llegue a saberlo con seguridad.

Ejemplo 31 Daniel: ¡Sostén el volante!
Zoe: ¿Qué haces? ¡Detente! ¿Estás loco?
Daniel: Solo me estoy quitando el abrigo.
Zoe: No puedo creer que hicieras eso. ¡Eso es muy peligroso!
Daniel: No seas tonta. Si siempre lo hago.
¡¡CRASH!!...
(después)

Daniel: ¡¿No podías mantener firme el volante?! Hiciste que chocáramos.

Análisis   La presunta causa es que Zoe no mantuvo firme el volante, y el efecto es que el auto se estrelló. Y esto satisface nuestros criterios. Pero que Zoe fuera incapaz de mantener el rumbo del auto es una *consecuencia previsible* de que Daniel la obligara a sostener el volante, que es la auténtica causa del choque. Las condiciones normales no son solo lo que deber ser verdadero con anterioridad a la causa, sino también lo que normalmente ocurriría a partir de la causa.

Ejemplo 32   Daniel: ¿No es horrible lo que le pasó al señor Grz?

Zoe: Ah, ¿el señor Grz es ese que murió cuando la rama de un árbol le cayó encima?

Daniel: Sí, pero eso no es todo. Había tenido un ataque cardíaco mientras manejaba. Pudo estacionarse debajo de un árbol, pero una rama lo aplastó cuando ya había logrado salir y estaba tendido en el pavimento. De todos modos habría muerto.

Análisis   ¿Cuál es la causa de la muerte del señor Grz? Si de todas maneras habría muerto, el que haya sido aplastado por una rama no supone una diferencia relevante. Pero el ser aplastado por una rama tampoco es una consecuencia previsible (una parte de las condiciones normales) de sufrir un ataque cardíaco mientras uno está manejando. Se trata de una *causa interviniente*.

Ejemplo 33   En las viejas mansiones abandonadas, los cuadros siempre se caen, las puertas y las ventanas se abren solas, y las luces nunca funcionan. La causa de todo esto es evidente: esas mansiones están habitadas por fantasmas.

Análisis   Para que podamos aceptar esta afirmación deberíamos creer que existen los fantasmas, lo que es dudoso. Peor todavía, no es algo que podamos poner a prueba. ¿Cómo podríamos determinar la existencia (o inexistencia) de los fantasmas? Las afirmaciones dudosas e incontrastables son los peores candidatos para figurar como buenas descripciones de presuntas causas.

Ejemplo 34   Pisar un clavo con el auto hace que se desinflen las ruedas.

Análisis   Esto parece correcto, pero es falso. Muchas veces pisamos clavos sin que por ello se desinflen las ruedas de nuestro auto. Lo correcto sería "Pisar un clavo con el auto *puede causar* que se desinflen las ruedas". Esto es, *bajo determinadas condiciones*, pisar un clavo con el auto hará que se desinfle una rueda. En el próximo capítulo veremos la diferencia entre "A *causa* (es causa de) B" y "A *puede causar* B".

Ejemplo 35 "Desde que fuera adoptado por los empleados del hospital (siendo solo un cachorro), el gato Oscar ha mostrado una asombrosa habilidad para predecir qué pacientes están cerca de la muerte. Hasta el momento, ha estado presente en los decesos de más de veinticinco pacientes del tercer piso del Sanatorio Steere de Cuidado y Rehabilitación, en Providence, Rhode Island. Su mera presencia a los pies de la cama de un enfermo es interpretada por médicos y enfermeras como un indicador seguro de una muerte inminente, y eso les permite notificar a los familiares con tiempo suficiente para que puedan despedirse de sus seres queridos. Además, Oscar ha sido una compañía en las horas finales de muchas personas que de otro modo habrían muerto sin nadie a su lado. Los médicos y empleados del Sanatorio Steere le están muy agradecidos por su tarea, al igual que los familiares de los pacientes."

David M. Sosa, *New England Journal of Medicine*, 26/07/2007

Análisis Esto resulta tan enternecedor como misterioso. ¿Cómo se las arregla Oscar para enterarse de que un paciente está a punto de morir? A partir de la evidencia que tenemos, podemos invertir el orden de causa y efecto y obtener una posibilidad igual de plausible: que las visitas de Oscar son la causa de la muerte de los pacientes. Adoptar una actitud de azorada credulidad (quedarse "con la boca abierta") nunca es la mejor opción cuando nos enfrentamos a un misterio; lo más razonable es seguir investigando.

17 Causa en población

Estudios de causa en población

¿Qué queremos decir cuando decimos que fumar causa cáncer? ¿Fumar un solo cigarrillo produce cáncer? ¿O fumar muchos cigarrillos durante una semana? ¿O fumar veinte cigarrillos por día durante cuarenta años? No puede ser ninguna de esas cosas, porque hay mucha gente que hizo todo eso y sin embargo no sufre de cáncer, y el efecto debe seguir (casi) invariablemente a partir de la causa.

Para explicar lo que es *causa en una población* suele decirse que, dada una determinada causa en una determinada población, es más probable que el efecto sea verdadero que si no se diera esa causa. En este ejemplo, las personas que fuman tienen una probabilidad mucho mayor de contraer cáncer de pulmón que los no fumadores. En realidad solo estamos hablando de causa y efecto, como en el capítulo anterior. Fumar muchos cigarrillos durante un largo período de tiempo (inevitablemente) causará cáncer de pulmón. El problema es que no podemos formular, y no tenemos idea de cómo podríamos formular –o incluso si es probable que *alguna vez seamos capaces de formular*– cuáles son las condiciones normales para que fumar cause cáncer. Entre los factores que pueden influir en ese efecto están la alimentación, el lugar donde uno vive, la exposición a la contaminación y otros carcinógenos, así como la predisposición genética. *Si lo supiéramos con exactitud*, diríamos: "Dadas las condiciones ____, fumar ____ cigarrillos al día durante ____ años tendrá el efecto de producir cáncer de pulmón."

Como no podemos especificar las condiciones normales, lo mejor que podemos hacer es señalar la evidencia que nos puede convencer de que fumar causa del cáncer de pulmón, y así damos un argumento con una conclusión estadística: "Las personas que continúan fumando dos paquetes de cigarrillos al día por un período de diez años tienen una probabilidad de contraer cáncer de pulmón que es un ____% mayor que el del resto de la gente (con un margen de error del ____%)".

¿Cómo determinamos causa en una población?

Experimento controlado: causa-a-efecto

Este es el mejor tipo de evidencia. Para realizar un experimento de causa a efecto elegimos aleatoriamente (por un método probabilístico) diez mil personas y hacemos que la mitad fume un paquete de cigarrillos al día, y la otra mitad no fume nunca. Tenemos dos muestras: una, compuesta de personas a las que se las expone a la causa, y otra compuesta por personas que no son expuestas a la causa, esta última se llama *grupo de control*. Veinte años después, revisamos cuántas personas de cada grupo contrajeron cáncer de pulmón. Si en el grupo de los fumadores hay muchas más personas con cáncer de pulmón, y siempre que los grupos sean representativos de la población, y si no encontramos ningún otro *denominador común* entre esas personas, estamos justificados para decir que fumar causa cáncer de pulmón. Por supuesto que un experimento así no sería ético, por eso para este tipo de pruebas se utilizan ratas u otros animales de laboratorio. La cuestión de si este último procedimiento resulta más (o menos) ético que el del ejemplo ya es un asunto diferente...

Experimento no controlado: causa-a-efecto

Para realizar un experimento de este tipo tomamos dos muestras de la población general elegidas de manera probabilística, y para las cuales ya hemos descartado otras posibles causas de cáncer de pulmón (como, por ejemplo, trabajar en una mina de carbón). Uno de los grupos se compone de personas que afirman no fumar nunca, y el otro se compone de personas que afirman fumar regularmente. Seguimos ambos grupos, y veinte años después revisamos si entre los fumadores hay más personas con cáncer de pulmón que entre los no fumadores. Así, dado que creemos haber descartado cualquier otro denominador común, fumar es el único que puede explicar por qué en el segundo grupo hay más casos de cáncer que en el primero.

Este es un experimento de causa-a-efecto, porque comenzamos con lo que sospechamos es la causa y después tratamos de ver si el efecto se sigue de ella. Pero no es controlado: algunas personas podrían dejar de fumar, y otras empezar a hacerlo; además, no todos siguen la misma dieta –puede que haya muchas cosas que tengamos que descartar para poder evaluar si efectivamente lo que causa una mayor cantidad de casos de cáncer en el segundo grupo es el hábito de fumar–.

Experimento no controlado: efecto-a-causa

En este caso buscamos tanta gente con cáncer de pulmón como nos sea posible y tratamos de ver si existe algún denominador común presente en todos los casos. Descartamos a todos los que trabajan en minas de carbón, a todos los que han vivido en áreas con gran contaminación, a los que tienen gatos como mascotas… Si resulta que entre las personas que quedan la gran mayoría son fumadores, tenemos buena evidencia de que fumar es lo que causó su enfermedad (para evaluar esto necesitamos algunos conocimientos de estadística). El experimento es no controlado, porque la manera en que se llegó al efecto no fue planeada, es algo que no está bajo nuestro control. Y es un experimento de efecto-a-causa porque comenzamos con el efecto en la población y luego tratamos de averiguar cómo fue que ese efecto tuvo lugar.

Ejemplos

Ejemplo 1 Bárbara fumó dos paquetes de cigarrillos por día durante treinta años. Ahora Bárbara tiene cáncer de pulmón. Fumar causó el cáncer de pulmón de Bárbara.

Análisis ¿Es posible que Bárbara haya fumado dos paquetes de cigarrillos por día durante treinta años y no tenga cáncer? No podemos enunciar las condiciones normales. Por eso, para poder decir que no es probable que la causa sea verdadera y el efecto sea falso, tenemos que invocar la relación estadística entre fumar y contraer cáncer de pulmón.

¿La causa establece una diferencia relevante? Si Bárbara no hubiera sido fumadora, ¿es posible que de todas maneras hubiera contraído cáncer de pulmón? Supongamos que sabemos que no trabajaba en una mina de carbón, que nunca vivió en una zona de gran contaminación atmosférica, y que no vivió con un fumador, que son algunas de las condiciones normalmente asociadas con una mayor probabilidad de contraer cáncer de pulmón. Aun así es posible que Bárbara hubiera contraído cáncer de pulmón: hay personas que tienen cáncer aunque no pertenecen a ninguno de esos grupos de riesgo. Sin embargo, es poco probable: no es algo que ocurra en muchos casos.

No tenemos ninguna razón para creer que existe una causa compartida. Puede que haya personas con ciertas características físicas que los hagan más propensos a fumar, y quizá sea esa misma causa lo que los hace más propensos a contraer cáncer, independientemente de si son o no fumadores. Pero no tenemos evidencias en favor de esa posibilidad; además, sabemos que antes de que el hábito de fumar se popularizara, el cáncer de pulmón no era frecuente.

Por lo tanto, presuponiendo unas cuantas condiciones normales, "Fumar causó el cáncer de pulmón de Bárbara" resulta una afirmación tan plausible como la fuerza del vínculo estadístico entre el hábito de fumar y el cáncer de pulmón, y como la fuerza del vínculo entre no fumar y la ausencia de cáncer de pulmón. Pero debemos ser cuidadosos: no podemos afirmar esto sencillamente porque no se nos ocurre ninguna otra causa, en especial si el vínculo estadístico no fuera muy fuerte (como sí lo es en este ejemplo).

Ejemplo 2 Zoe: No la entiendo a Melinda. Está bebiendo, a pesar de estar embarazada.

Daniel: Esas son tonterías. Le pregunté a mi madre, y dice que ella bebió durante todo su embarazo. Y ya ves: yo salí perfecto.

Zoe: Sí, pero imaginate lo bien que hubieras salido si no hubiera bebido.

Análisis Aunque no la mencione, Zoe alude a una afirmación de causa-en-población: beber durante el embarazo causa defectos de nacimiento o un mal desarrollo del niño. Y esto ha sido demostrado. Hay muchos estudios de causa-en-población que revelan una mayor incidencia de defectos de nacimiento y problemas del desarrollo en hijos de mujeres que beben durante el embarazo que en mujeres que no lo hacen, y esos defectos y problemas no parecen surgir de ningún otro factor común. Daniel, por su parte, comete un error. Confunde una afirmación de causa-en-población con una afirmación causal general. Tiene razón en que la experiencia de su madre serviría para mostrar la falsedad una afirmación causal general, pero no tiene ninguna fuerza contra una afirmación de causa-en-población.

Por otro lado, el error de Zoe es creer que existe una correlación perfecta entre la ingesta de alcohol durante el embarazo y los problemas físicos o mentales del niño. Por eso afirma que si la madre de Daniel no hubiera bebido cuando estaba embarazada, él podría haber sido mejor, aunque no puede señalar en qué habría consistido esa diferencia. La correlación no es perfecta, es solo un vínculo estadístico.

Ejemplo 3 La falta de educación es la causa de la pobreza. Y la pobreza generalizada es la causa del crimen. Por lo tanto, la falta de educación es la causa del crimen.

Análisis   Muchas veces oímos palabras como estas, y algunos políticos basan sus políticas en ellas. Pero son demasiado vagas. ¿Qué tanta (o tan poca) educación constituye "falta de educación"? ¿Qué tan pobre hay que ser? ¿Cuánta gente pobre tiene que haber para que podamos hablar de "pobreza generalizada"? Sabemos que no pueden ser afirmaciones causales generales: hay personas con poca educación que se han hecho ricos, y hay muchísimos pobres que son ciudadanos respetuosos de la ley. Es por eso que los investigadores hacen más precisas estas oraciones y luego las analizan como afirmaciones de causa-en-población. En efecto, durante la Depresión de la década de 1930 –cuando en los Estados Unidos la pobreza fue más generalizada que en cualquier otro momento hasta la fecha– hubo menos crímenes que en cualquier momento de los últimos veinte años. Lo cual sugiere que sería difícil encontrar una versión menos vaga de la segunda oración que la transforme en una afirmación de causa-en-población verdadera.

Ejemplo 4   "El número de nacimientos de madres adolescentes en los Estados Unidos bajó en un 2% en el año 2008, lo que invierte la tendencia en aumento de los dos años anteriores, dado que la recesión puede haber convencido a los adolescentes mayores de posponer la decisión de comenzar una familia."

Alburquerque Journal, 07/04/2010

Análisis   El autor conjetura una afirmación de causa-en-población basado solamente en evidencia *post hoc*.

Ejemplo 5   "Un poco de alcohol es bueno para el cerebro de las mujeres. De acuerdo al más amplio estudio realizado para evaluar el impacto del alcohol en el cerebro, las mujeres que consumen diariamente cantidades moderadas de vino, cerveza o licores tienen menos probabilidades de perder su memoria u otras capacidades mentales al llegar a una edad avanzada que las mujeres abstemias. El estudio, que abarcó a más de doce mil mujeres mayores, mostró que las que consumen diariamente cantidades bajas o moderadas de alcohol tienen un 20% menos de riesgo de sufrir problemas en sus habilidades mentales al hacerse mayores. 'Los niveles bajos de alcohol parecen tener beneficios cognitivos', dice Francine Grodstein, del Brigham and Women's Hospital en Boston, autora principal del estudio que publica hoy el *New England Journal of Medicine*. 'Las mujeres que habitualmente bebieron entre medio y un trago por día presentaron un menor deterioro cognitivo, así como un menor declive de sus funciones cognitivas en comparación con mujeres que no bebieron nunca'.

Aunque el estudio solo se ocupa de las mujeres, es probable que sus hallazgos también resulten verdaderos para el caso de los varones, si bien algunas investigaciones anteriores indican que los hombres se benefician de un consumo de alcohol ligeramente superior –de uno a dos tragos por día, según los investigadores.

Estos hallazgos aportan la evidencia más reciente de que el consumo de alcohol, largamente vilipendiado como parte de un estilo de vida insalubre, en realidad puede llevar a una vida más larga y saludable. Y aunque está claro que beber en exceso causa serios problemas para muchas personas, los estudios recientes muestran que beber con moderación ayuda a proteger el corazón."

Washington Post, 15/01/2010

Análisis   La correlación no establece causalidad. Podría ser a la inversa. Quizá las mujeres mayores que están mentalmente alertas prefieren tomar un trago para relajarse y dormir mejor. O podría haber una causa compartida. El artículo ni siquiera aclara si se trató de un estudio de causa-a-efecto o de efecto-a-causa. A partir de lo (poco) que podemos averiguar al leerlo, deberíamos concluir que son necesarios más estudios.

Ejemplo 6   "Los datos de la Oficina de Estadísticas Laborales de los Estados Unidos [*US Bureau of Labor Statistics*] del años 2001 muestran lo siguiente:

Educación e ingreso a lo largo de la vida [*Lifetime Income*]

Nivel más alto de educación alcanzado	Ingreso a lo largo de la vida (40 años)
Bachiller [*Bachelor's Degree*]	US$1.667.700
Asociado [*Asociate Degree*]	US$1.269.850
Título Secundario [*High School Graduate*]	US$994.080
Título no Secundario	US$630.000

Tener un mayor nivel de educación implica beneficios considerablemente superiores en cuanto al ingreso económico a lo largo de la vida. Es interesante notar que esta relación entre educación y potenciales ganancias se conoce desde la década de 1970, y ha sido demostrada sistemáticamente por encuestas gubernamentales. De hecho, la diferencia entre el nivel de ingreso y la educación ha aumentado significativamente

a lo largo de los años. Desde la Oficina del Censo se ha sugerido que la brecha en las ganancias entre las personas que poseen educación superior y las que poseen una educación inferior continuará creciendo en el futuro. La Oficina de Estadísticas Laborales de los Estados unidos también ha mostrado que la tasa de desempleo es mucho menor con el acceso a mayores niveles de educación. El desempleo en las personas con títulos no secundarios fue del 6,5% en el año 2000, en las personas con título secundario fue del 3,5%, y del 2,3% para las personas con título de asociado [*associate degree*].
¡La educación marca la diferencia!"
Education Online, 2010,
http://www.education-online-search.com/articles/special_topics/education_and_income

Análisis Existe una clara correlación entre el ingreso económico y el nivel de educación. El sitio web del ejemplo afirma que esto significa que obtener una mejor educación es la causa de acceder a un mayor ingreso económico ("beneficios mucho mayores", "la educación hace una diferencia"). Pero las personas que completan grados avanzados de educación formal generalmente son más inteligentes, vienen de familias que ya poseen mayores ingresos que los que no acceden a una educación formal o se las ingenian para conseguir el dinero necesario; además, suelen ser personas dispuestas a trabajar duro y perseverar. Independientemente del grado de educación que completen, es probable que ese tipo de personas termine teniendo un mayor ingreso económico que las personas que carecen de esas ventajas. A falta de más evidencia y a falta de estudios que descarten estas posibles causas compartidas, esto no es más que razonamiento *post hoc*.

Ejemplo 7 "A mediados de los años 70 un grupo de investigadores de Gran Bretaña llevó a cabo un experimento a gran escala rigurosamente diseñado para poner a prueba la efectividad de un programa de tratamiento que representara 'el tipo de cuidado que podría ofrecer hoy en día la mayoría de las clínicas especializadas en alcoholismo del mundo occidental'. Los sujetos del estudio fueron cien hombres que habían sido derivados por problemas de alcohol a uno de los principales programas de pacientes externos de Gran Bretaña, la Clínica de Alcoholismo Familiar del Hospital Maudsley de Londres. Los psiquiatras comprobaron que cada uno de los sujetos se adecuara a los siguientes criterios: que hubiera sido específicamente derivado por problemas de alcohol, que fuera casado y tuviera entre 20 y 65 años, que no sufriera de ninguna enfermedad física progresiva o dolorosa y que no tuviera daño cerebral o enfermedades mentales, y que habitara a una distancia razonable de la clínica (para asegurarse de que pudiera asistir a los controles y permitir visitas regulares de seguimiento por parte de los trabajadores sociales). Se utilizó un procedimiento de randomización estadística para dividir a los sujetos en dos grupos que fueran comparables en la severidad de su problema de alcoholismo y en su estatus laboral.

Para los sujetos de uno de los grupos (el 'grupo de consejería'), el único tratamiento formal fue una sesión con un psiquiatra, el paciente y su esposa. El psiquiatra le comunicaba a la pareja que su marido sufría de alcoholismo y le aconsejaba al paciente que se abstuviera seguir bebiendo. El psiquiatra también alentaba a la pareja a que intentara mantener su matrimonio. Se planteaba una discusión abierta sobre las personalidades y particularidades de la situación, pero se les informaba que esa sería la única sesión a la que asistirían. Se les decía, en un lenguaje empático y constructivo, que 'el logro de los objetivos estaba en sus propias manos y no podía ser delegado en otros'.

A los sujetos del segundo grupo se les ofrecía un programa anual que comenzaba con una sesión de asesoría y una presentación a Alcohólicos Anónimos. Se les recetaban medicamentos para aliviar el sufrimiento provocado por la abstinencia. Cada bebedor se entrevistaba con un psiquiatra para trabajar en un programa de tratamiento como paciente externo, mientras un trabajador social llevaba a cabo un procedimiento similar con la esposa. La terapia constante se centraba en problemas prácticos relacionados con el abuso del alcohol, las relaciones matrimoniales y otras dificultades personales. A los bebedores que no respondían de manera adecuada se les ofrecía la posibilidad de ser admitidos como pacientes con completo acceso al amplio espectro de servicios que el hospital podía ofrecerles.

Doce meses después de comenzado el experimento, ambos grupos fueron evaluados. No se encontraron diferencias significativas entre uno y otro grupo. Es más, los bebedores que completaron el programa no obtuvieron mejores resultados que los que lo abandonaron antes de terminar. A los doce meses, solo once de los cien pacientes habían dejado de beber. De los demás, aproximadamente una docena continuaba bebiendo, pero con la suficiente moderación como para que tanto ellos como su pareja lo consideraran 'aceptable'. Estas tasas de mejora no resultan significativamente mayores que las que muestran los estudios sobre las mejoras espontáneas o naturales en los bebedores crónicos que no reciben ningún tratamiento."

Herbert Fingarette, *Heavy Drinking: The Myth of Alcoholism as Disease*

Análisis El experimento controlado de causa-a-efecto que reporta este texto parece haber sido llevado a cabo de la manera correcta.

18 Explicaciones

Explicaciones inferenciales

¿Por qué el Sol sale por el Este? ¿Por qué el cielo es azul? ¿Cómo funciona la electricidad? ¿Por qué el profesor no me puso un 10 en el examen? Damos explicaciones en respuesta a toda clase de preguntas. Y esas respuestas pueden ser tan diversas como las preguntas. Podemos relatar un mito acerca de cómo fue creado el mundo. Podemos escribir un tratado científico sobre cómo funcionan los músculos del esófago. Podemos escribir un libro con instrucciones para tocar la guitarra. Podemos dibujar un mapa.

Aquí nos concentraremos en las explicaciones que utilizan afirmaciones. Para comenzar, consideremos las explicaciones que responden a la pregunta: "¿Por qué es esto verdadero?".

> *Explicaciones* Una explicación es un grupo de afirmaciones que pueden entenderse como *E porque A, B, C...*
> Normalmente llamamos a *A, B, C*, la *explicación*, y decimos que *E* es la *afirmación explicada*.
> Una *explicación inferencial* es una explicación que pretende mostrar *por qué* es verdadera una afirmación.
> La explicación debería ofrecernos alguna otra afirmación, de la que se siga, por ejemplo, "El cielo es azul" –una afirmación cuya verdad ya deberíamos tener buenas razones para creer–.

Ejemplo 1 Zoe: ¿Por qué Sultán camina tan raro?
 Daniel: Ah, ya veo... Es porque tiene una espina clavada en su pata.
 Análisis Esta es una explicación inferencial: la afirmación "Sultán tiene una espina en su pata" explica (la afirmación) "Sultán camina raro".

Condiciones necesarias para una buena explicación inferencial

La afirmación que pretendemos explicar es muy plausible. No se puede explicar lo que es dudoso.

Ejemplo 2 Daniel: ¿Por qué la mayoría de las personas que consultan a un parapsicólogo son mujeres?

Zoe: Un momento, ¿qué te hace pensar que los parapsicólogos reciben más consultas de mujeres que de varones?

Análisis   Daniel hizo una pregunta capciosa. Zoe respondió de la manera apropiada, exigiéndole un argumento que muestre que su afirmación "La mayoría de quienes consultan a un parapsicólogo son mujeres" es verdadera.

La explicación responde a la pregunta correcta.
Las preguntas suelen ser ambiguas, y lo que puede ser una buena explicación para una determinada interpretación de una pregunta puede ser una mala explicación si la interpretamos de manera diferente.

Si una pregunta es ambigua, eso es responsabilidad de quien hace la pregunta –no puede exigirnos que adivinemos qué es lo que quiso preguntar exactamente–. Si una explicación responde a la pregunta incorrecta, es una mala explicación; pero solamente si está muy claro qué es lo que se está preguntando.

Ejemplo 3   Mamá de Florencia: Anoche había dos por porciones de torta en la alacena. ¿Por qué queda una sola?
Florencia: Porque estaba oscuro, y a la otra no la vi.
Análisis   Florencia ofrece una buena explicación –a la pregunta incorrecta–. No es su culpa que la pregunta no estuviera formulada con precisión.

Las afirmaciones de la explicación son plausibles.
En una explicación inferencial las afirmaciones de las que se compone la explicación deben aclarar por qué es verdadera la afirmación que se pretende explicar. Y eso sería imposible si las afirmaciones de la explicación no fueran plausibles.

Ejemplo 4   El cielo es azul porque está lleno de corpúsculos azules.
Análisis   Esta es una mala explicación porque "El cielo está lleno de corpúsculos azules" no es una afirmación plausible (no sabemos ni qué puede querer decir).

La explicación es válida o fuerte.
Se supone que la verdad de la afirmación que tratamos de explicar se sigue de las afirmaciones de la explicación. Por eso la relación entre ellas

deberá ser válida o fuerte, como la relación entre las premisas y la conclusión de un argumento.

Ejemplo 5   Los perros obedecen a sus dueños porque los perros no son gatos.

Análisis   Esta es una mala explicación. La relación entre "Los perros no son gatos" y "Los perros obedecen a sus dueños" no es válida ni fuerte.

Como en el caso de los argumentos, sabemos que algunas explicaciones deben ser reparadas. Una explicación *E porque A, B, C...* puede necesitar de otras afirmaciones que suplementen a *A, B, C...* Pero una buena explicación inferencial incluye al menos una afirmación que es *menos plausible* que la afirmación cuya verdad pretende explicar. Si no fuera así, no sería una explicación de E: sería una *razón* para creer que E es verdadera.

Ejemplo 6   Daniel: ¡Auch! ¡Qué dolor de cabeza!

Zoe: Tomaste tres aperitivos antes de la cena, una botella de vino mientras comías, y dos o tres whiskies con el postre. Cualquiera que consuma tanto alcohol se despertará con dolor de cabeza.

Análisis   Zoe dio una buena explicación de por qué Daniel tiene dolor de cabeza: "Cualquiera que tome tanto alcohol la noche anterior, tendrá un dolor de cabeza a la mañana siguiente". Y eso *explica* la afirmación: "Daniel tiene jaqueca". Sin embargo, si la juzgáramos como si fuera un argumento, sería malo, porque presupone la conclusión. La jaqueca de Daniel es mucho más evidente que (la afirmación) "Cualquiera que tome mucho alcohol sufrirá jaqueca al día siguiente".

La explicación no es circular.
Expresar una afirmación con palabras diferentes no equivale a explicar por qué es verdadera.

Ejemplo 7   Zoe: ¿Qué te pasa que te está costando tanto empezar a escribir tu novela?

Daniel: Sufro del síndrome de la página en blanco.

Análisis   Esta es una mala explicación. "Sufro del síndrome de la página en blanco" es solo otra manera de decir "Me está costando empezar a escribir".

> **Condiciones necesarias para una buena explicación inferencial**
> Para que una explicación inferencial *E porque A, B, C...* sea buena, deben darse las siguientes condiciones:
> 1. Que *E* sea muy plausible.
> 2. Que *A, B, C...* respondan a la pregunta correcta.
> 3. Que cada una de las afirmaciones *A, B, C...* sean plausibles, pero al menos una de ellas sea *menos* plausible que *E*.
> 4. Que la inferencia *A, B, C...* por lo tanto, *E* sea válida o fuerte, posiblemente con respecto a otras afirmaciones plausibles.
> 5. Que la explicación no sea de la forma *E porque D*, cuando *D* no es otra cosa que una reformulación de *E*.

Generalmente, en lugar de decir que una explicación es "buena" decimos que una explicación es *correcta*. Y en vez de hablar de "malas" explicaciones, hablamos de explicaciones *incorrectas* o *equivocadas*.

Explicaciones causales

Cuando se da una explicación en términos de causa y efecto, solo será buena *si el razonamiento causal es bueno y responde a la pregunta correcta; en caso contrario, será mala.*

Ejemplo 8 Susana: ¿Por qué se despertó Daniel?
Zoe: Porque Sultán comenzó a ladrar.
Análisis Esta es una buena explicación causal (ver capítulo 16).

Ejemplo 9 Daniel se recuperó de su resfriado en una semana porque tomó mucha vitamina C.
Análisis No está claro que la presunta causa establezca una diferencia relevante.

"Con el tratamiento adecuado, un resfriado se cura en siete días, pero si se lo deja sin tratar, puede durar toda una semana".

Henry G. Felsen

Ejemplo 10 Zoe: ¡Ojalá pudiera ayudar a Wanda! ¿Por qué será que sigue pesando más de cien kilos?
Daniel: Fácil, la gravedad.

Análisis Esta es una explicación causal, pero no es buena. La gravedad es una condición normal para que Wanda pese mucho, pero no es la causa (ni *una* causa) de ello.

Ejemplo 11 Zoe: Usted dice que este argumento es malo, ¿por qué?
Dr. D: Es malo porque es débil. Hay que recordar las formas de los razonamientos válidos y usar la imaginación.
Análisis El Dr. D sabe de lo que habla, y esta es una buena explicación inferencial. Pero no es una explicación causal. Las explicaciones en términos de reglas o criterios no son explicaciones causales.

Ejemplo 12 Zoe: Qué raro... El verano pasado este pantalón me quedaba perfecto. Ahora no me entra.
Daniel: Hmmm... Ya sé. Seguro se achicó cuando lo lavaste.
Zoe (emocionada): ¡Mi amor! ¡Te quiero!
Análisis La afirmación de Daniel explica por qué es verdadero que a Zoe ya no le entra el pantalón. Pero el argumento "A Zoe ya no le entra el pantalón; por lo tanto, se encogió al lavarlo" no es válido ni fuerte. Una causa igualmente verosímil es que Zoe haya engordado un poco desde el verano pasado. Si no podemos descartar esa causa, la explicación no es buena. Daniel lo sabe, pero todo indica que no está tratando de razonar bien: está intentando ser un buen novio.

Ejemplos

Ejemplo 13 Cliente: ¿Por qué le puso el nombre El Perro y el Pato a este bar?
Dueño: ¿Por qué no?
Análisis Invertir la carga de la prueba es tan malo cuando se trata de explicaciones como cuando se trata de argumentos.

Ejemplo 14 Zoe: ¿Por qué Tomás se comportó de manera tan desagradable hoy?
Daniel: No le hagas caso, hoy estaba *imposible*.
Análisis Esto parece circular, pero es peor. Por supuesto que "Estar imposible" podría ser la causa de que alguien se comporte de manera grosera con sus amigos, siempre y cuando "Estar imposible" significara alguna otra cosa además de "comportarse desagradablemente con tus amigos". La presunta explicación es demasiado vaga.

Ejemplo 15   Susana: ¿Por qué Daniel se levantó y se fue mientras Tomás todavía estaba hablando?
Zoe: Porque le dio la gana.
Análisis   Esta es una mala explicación. Que Daniel haya querido irse mientras Tomás estaba hablando es algo inusual, que deberíamos responder ofreciendo alguna otra explicación. Si una explicación hace que sigamos preguntándonos "¿por qué?", se trata de una explicación **inadecuada**. Aunque las afirmaciones de la explicación sean claramente verdaderas, puede que eso no sea suficiente.

Ejemplo 16   Daniel: ¿Por qué la tortuga cruzó la calle?
Lisandro: Porque su cerebro envió impulsos eléctricos hasta los músculos de sus patas, que se movieron hasta que llegó al otro lado.
Análisis   Esta explicación es mala porque no responde al tipo de pregunta correcta. Normalmente interpretaríamos que Daniel está pidiendo algún tipo de explicación en términos de conducta; esto es, el tipo de explicaciones que incluyen afirmaciones acerca de los motivos, creencias o sentimientos de alguna persona o cosa. Pero la explicación de Lisandro solo incluye una premisa acerca de la fisiología de la tortuga; es decir, una explicación física, que responde a la pregunta incorrecta.
Por otra parte, la afirmación "Para llegar al otro lado" sería una explicación **inadecuada**. Como no tenemos idea de cuáles pueden ser las motivaciones de una tortuga, y ni siquiera estamos seguros de que una tortuga pueda tener eso que en los seres humanos llamamos motivaciones, es poco probable que podamos ofrecer una buena respuesta a la pregunta de Daniel.

Ejemplo 17   Psicoanalista: ¿Dónde está el Dr. D?
Secretaria: ¿No recuerda? Llamó para avisar que no va a seguir viniendo.
Psicoanalista: Es un claro ejemplo de resistencia al tratamiento. El paciente se niega a enfrentarse a los profundos conflictos que afloran a su consciencia en el transcurso de nuestras sesiones.
Secretaria: Él dice que es porque no puede seguir pagando las consultas.
Psicoanalista: Ah, ya veo. No podría estar más claro. Esa es precisamente la prueba de que inconscientemente se está resistiendo al trata-

miento: yo sé perfectamente que podría conseguir que sus parientes le prestaran el dinero.

Análisis   Los psiquiatras suelen formular sus explicaciones de tal manera que resulta imposible ponerlas a prueba. Si cualquier cosa que hagamos puede ser interpretada como "resistencia al tratamiento", y si cualquier cosa puede explicarse en términos de motivaciones inconscientes, es imposible poner a prueba la explicación. Es tan incomprobable como decir que el paciente dejó de asistir a las consultas porque su psique está controlada secretamente por un ejército de perversos duendes invisibles. Podemos suponer que esta última explicación no resultaría tan efectiva a la hora de convencer a los pacientes de seguir asistiendo a las consultas y seguir abonando tranquilamente cuantiosas sumas dinero. Pero eso es otro tema... *Una afirmación que pretende explicarlo todo, no explica nada.*

Recordemos: las afirmaciones que no pueden ser puestas a prueba son los peores candidatos para formar parte de una buena explicación.

Ejemplo 18   Héctor: No puedo creer que mi tío Rafael renunciara a su puesto en la firma de abogados. Estaba ganando mucho dinero. Pero de todos modos vendió su casa y se mudó a una cabaña junto al mar. Dice que ahora se dedica a meditar. Y eso que siempre fue un hombre tan responsable... Sinceramente, me parece inexplicable.

Zoe: ¿Qué edad tiene tu tío?

Héctor: 45 años.

Zoe: ¡Muy sencillo! Está pasando por la crisis de la edad madura.

Análisis   Esta es una explicación inferencial, pero antes de que podamos darla por buena, tendríamos que tener más evidencia para convencernos de que Rafael efectivamente está pasando por la crisis de la edad madura. Y si definimos "crisis de la edad madura" como cualquier cosa que hace que una persona de aproximadamente 45 años renuncie a su trabajo y se mude a una cabaña a "meditar", la explicación es circular.

Ejemplo 19   Zoe: Últimamente mi madre está todo el tiempo acalorada e irritable.

Daniel: ¿Y por qué es eso?

Zoe: Está pasando por la menopausia.

Análisis Esta es una buena explicación causal, porque hay buena evidencia (de causa en población) en favor de la afirmación de que la mayoría de las mujeres que pasan por la menopausia presentan esos síntomas.

Ejemplo 20 Dr. D: No aceptaré su trabajo práctico fuera del plazo establecido.

María: Lo que pasa es que me atrasé porque tuve una reunión en mi trabajo.

Dr. D.: ¿Y? Como le expliqué a principio de año, en esta clase los problemas laborales no son una justificación para entregar los trabajos fuera del plazo establecido.

Análisis María ofreció una explicación de por qué no entregó la tarea a tiempo. Y cree que esa explicación constituye una excusa para entregar tarde la tarea. El Dr. D le muestra que se trata de un error: *una explicación no es una justificación*.

Ejemplo 21 Daniel: ¿Por qué Sultán no quiere comer su alimento?

Zoe: Hace días que no tiene hambre.

Daniel: No creo que sea así. Ayer comió toda su comida.

Análisis Daniel mostró que la explicación de Zoe no es buena. Mostró que la afirmación de la explicación ("Sultán no tuvo hambre en los últimos días") es falsa.

Ejemplo 21 Dr. Smyrn: Y ahora revisaremos su corazón. ¿Siente esto?

Dr. D: ¡Ay! Por supuesto que lo siento. ¿Pero qué tiene que ver que me esté pinchando los dedos con la salud de mi corazón?

Dr. Smyrn: El corazón está en la mitad izquierda del cuerpo, y los ataques al corazón suelen presentarse con un dolor en el brazo izquierdo.

Dr. D: ¡Uy! ¡Eso también duele!

Dr. Smyrn: Estoy convencido de que puedo predecir enfermedades cardíacas examinando la sensibilidad del paciente en su meñique izquierdo. Comparo su reacción cuando lo pincho en ese dedo con su reacción cuando pincho los otros dedos.

Dr. D: ¿En serio? ¡Au! Qué raro...

Dr. Smyrn: Cada vez que encuentro a un paciente con mucha sensibilidad en su meñique izquierdo, lo derivo a un cardiólogo.

Dr. D: ¿Y entonces...? ¡¡¡AUCH!!!

Dr. Smyrn: Por ahora solo se pudo encontrar síntomas de enfermedades cardíacas en 3 de los 32 pacientes que derivé. Pero eso es porque mi método de diagnóstico es mucho más sensible que los utilizados por los cardiólogos. Este procedimiento me permite identificar enfermedades cardíacas tan incipientes que son indetectables por cualquier otro método conocido. ¡Es tan eficaz que algunos de mis pacientes murieron de viejos, sin que se les pudiera verificar un solo problema cardíaco!

Análisis Esto no es una explicación. Es una afirmación de causa en población. Podría utilizarse para realizar una afirmación causal, pero aquí no aparece explicando ninguna otra afirmación. Por sus comentarios, podemos sospechar que el Dr. Smyrn no satisface el Principio de Discusión Racional. No parece que esté dispuesto a aceptar ninguna evidencia de que está equivocado.

Argumentos y explicaciones

Ejemplo 23 Daniel, Zoe y Sultán dan un paseo por el campo. Sultán sale corriendo y regresa luego de cinco minutos. Daniel ve que tiene sangre en el hocico, y tanto él como Zoe notan que Sultán también apesta a zorrino. Daniel dice: "Sultán debe de haber matado un zorrino. Mira la sangre en su hocico. Y además apesta a zorrino".
Daniel presentó un *buen argumento*:
Sultán tiene sangre en el hocico. Sultán apesta a zorrino.
Por lo tanto, Sultán mató a un zorrino.

Daniel dejó fuera algunas premisas, porque sabe que son tan evidentes para Zoe como para él:
Sultán no está sangrando.
Un zorrino no suele ser buen contrincante para un perro.
Los perros suelen morder a otros animales para matarlos.
Normalmente, si Sultán hace sangrar a un animal más pequeño que él, ese animal termina muerto.
Los zorrinos son los únicos animales que, al ser atacados, despiden ese olor característico que se impregna en todo lo que tienen cerca (y que tanto Zoe como Daniel pueden percibir en Sultán).
Zoe responde: "Ah, eso explica por qué tiene sangre en el hocico y también por qué huele tan mal". Ella toma las mismas afirmaciones y las interpreta como una explicación, como una buena explicación (respecto a las mismas premisas no enunciadas).

Sultán mató a un zorrino.
explica por qué (es verdadero que)
Sultán tiene sangre en el hocico y huele a zorrino.

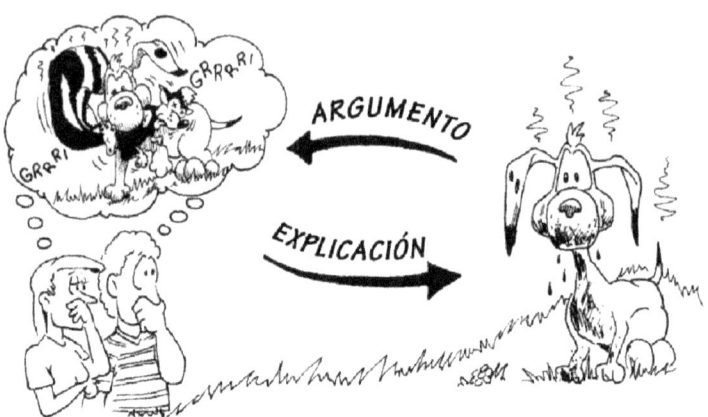

En el caso de una explicación "*E* porque *A, B, C*...", podemos preguntarnos qué evidencia tenemos en favor de *A*.

A veces todo lo que necesitamos para obtener la evidencia necesaria es invertir la inferencia. Para que la explicación de Zoe resulte buena, "Sultán mató a un zorrino" debe ser una afirmación plausible; y lo es, gracias al argumento de Daniel. No necesitan esperar a encontrar el zorrino muerto.

> *Explicaciones y argumentos asociados*
> Para la explicación inferencial:
> *E* porque *A, B, C*... el **argumento asociado** que establece (la verdad o plausibilidad de) *A* es:
> *E, B, C*... por lo tanto, *A*
> Una explicación es ***dependiente*** si una de sus premisas no es plausible y si el argumento asociado en favor de esa premisa no es bueno.
> Una explicación es ***independiente*** si no es dependiente.

Si una explicación es dependiente hay al menos una de sus premisas para la que carecemos de evidencia, y no hay ningún argumento asociado capaz de proporcionarla.

Ejemplo 24   Sultán persigue a los gatos porque le parece que serán un sabroso alimento, y también porque son más pequeños que él.
Análisis "Los gatos son más pequeños que Sultán" es una afirmación claramente verdadera, pero "Sultán cree que los gatos serán un sabroso alimento" no lo es. El argumento asociado es el siguiente:
Sultán persigue gatos y los gatos son más pequeños que Sultán.
Por lo tanto, Sultán cree que los gatos serán un sabroso alimento.
Y este argumento es débil. Si no tenemos otras evidencias en favor de "Sultán cree que los gatos serán un sabroso alimento", no deberíamos aceptar esto como una buena explicación. Esta explicación es dependiente.

Cada premisa de una explicación independiente es plausible, ya sea debido a su argumento asociado, o por razones independientes (como, por ejemplo, que sabemos que los perros ladran). A pesar de ello, puede haber *malas* explicaciones independientes.

Ejemplo 25   Susana: ¿Por qué las clases duran 50 minutos en lugar de una hora?
María: Porque los alumnos necesitamos un tiempo para llegar de una clase a otra.
Análisis   La premisa es ciertamente plausible, por lo que la explicación es independiente. Pero no es una buena explicación, porque no es fuerte. ¿Por qué no tener clases de 45 minutos, por ejemplo? Lo único que se sigue de la premisa es que debería haber un cierto tiempo entre el fin de una clase y el comienzo de la siguiente.

Explicaciones y predicciones

Ejemplo 26   Florencia: Sultán ladra. Rafa, el perro de Wanda, también ladra. Ah, y los perros del Dr. D, que se llaman Isis y Zeus, ellos también ladran. Todos los perros ladran.
Bárbara: Es cierto. Vayamos a la plaza, y veamos si los perros que están ahí también ladran.

Análisis Florencia (que tiene cinco años) está haciendo una generalización. Su amiga Bárbara quiere poner a prueba esa generalización.

Supongamos que alguien ofrece A, B, C, D como evidencia inductiva en favor de alguna generalización G (quizá sean necesarias otras premisas no enunciadas, pero por ahora no nos concentraremos en ellas). Se daría el caso de que G explica A, B, C, D. Pero si G es verdadera, de esto se sigue que además son verdaderas algunas otras afirmaciones, otras instancias de G; por ejemplo, "Fido ladra", "Manchita ladra", "Odie ladra"… Es decir, G **explica** A, B, C, D, y **predice** L, M, N. Y aquí la diferencia entre la explicación y la predicción no consiste en que la primera sea acerca del pasado y la segunda acerca del futuro. *La diferencia entre explicación y predicción es que no sabemos si la predicción es verdadera.*

Supongamos que descubrimos que (las afirmaciones) L, M, N efectivamente son verdaderas. Entonces:

A, B, C, D + L, M, N,
por lo tanto,
G

es un mejor argumento en favor de G que el que teníamos antes. Y lo que lo hace mejor es que incluye más instancias de la generalización. Pero, ¿cómo es que encontrar más instancias de la generalización nos permite concluir que se trata de una *mejor* generalización? Puede hacerlo, siempre que:

(1) Las nuevas instancias provengan de diferentes situaciones, es decir, cuando A, B, C, D + L, M, N abarca una muestra más representativa de instancias de G que las abarcadas por A, B, C, D. Y normalmente esto es lo que sucede: a partir de G deducimos afirmaciones acerca de situaciones que no habíamos considerado previamente.

Y (2) dado que L, M, N pertenecen a un tipo de instancias que no habíamos considerado al hacer la generalización G, eso nos permite tener cierta confianza en que no se trata de una generalización obtenida mediante la manipulación de datos (es decir, seleccionando solo el tipo de situaciones que nos asegurarían la obtención de la hipótesis).

Una buena manera de poner a prueba una hipótesis o una generalización es tratar de falsarla.

Tratar de falsar una generalización significa tratar de encontrar instancias de esa generalización que sean tan diferentes como podamos imaginar de las que habíamos utilizado para hacer la generalización. Y esa es una buena manera de asegurarnos de que se dan las condiciones (1) y (2).

Si un experimento muestra que alguna de las predicciones (de una explicación) es verdadera, decimos que en cierta medida *confirma* u *ofrece confirmación* para (las explicaciones dudosas que aparecen en) esa explicación.

Comparar explicaciones

Dadas dos explicaciones de una misma afirmación, ¿cuál es la mejor?
Si una es correcta y la otra es incorrecta, la explicación correcta es la mejor. Si ambas son aceptables, deberíamos preferir la que no nos haga seguir preguntando "¿por qué?". Por último, si ninguna de las explicaciones nos hace seguir preguntando por qué, preferiremos *la explicación más simple*. Es decir, aquella afirmación (i) cuyas premisas sean más plausibles; (ii), que sea más claramente fuerte o válida (es decir, cuyas premisas no enunciadas resulten obvias o más plausibles que las de la otra explicación); y, (iii), que tenga menos pasos. Es decir, si no hay otras diferencias entre las explicaciones, preferiremos la explicación más fuerte.

Ejemplo 27   Zoe: ¿Cómo estuvo tu paseo con Sultán?
Daniel: Se escapó cuando estábamos por entrar a la casa.
Zoe: Hay que ir a buscarlo. ¿Por qué siempre se escapa justo antes de llegar a casa?
Daniel: Es la edad. Es como con todos los otros cachorros, ya se le pasará cuando sea más grande.
Análisis   Esto parecía ser una buena explicación hasta que Zoe y Daniel descubrieron que Sultán se había escapado para perseguir un gato que estaba en el árbol del patio trasero. La respuesta de Daniel no es mala, y quizá dentro de un par de años, cuando ya sea mayor y esté bien adiestrado, Sultán ya no se escapará ni siquiera para perseguir un gato. Pero hay una mejor explicación: Sultán se escapó porque le encanta perseguir gatos, y vio un gato cerca de la casa. Es una mejor explicación porque es más fuerte.

Ejemplo 28 Héctor: No lo puedo creer, Zoe y Daniel tuvieron una discusión y…
María: Zoe está tan enojada que no quiere ni hablar con él.
Tomás: ¿Y tú cómo lo sabes?
Susana: Es lo que se llama "intuición femenina". La conexión entre las mujeres es tan fuerte que seguro María sabe lo que Zoe está pensando…
Héctor: ¡Vamos! Lo más probable es que se trate de comunicación femenina. Seguro Zoe la llamó para contarle de su pelea con Daniel.
Análisis ¿Cuál es la mejor explicación? La segunda, porque es más plausible.

Inferencia a la mejor explicación

"Admitiendo que esto es una ley de la naturaleza, podremos, creo yo, explicar varias clases de hechos muy numerosos, como los siguientes, que resultan inexplicables desde cualquier otro punto de vista."

Charles Darwin, El origen de las especies,
p. 83, en cap. 4

"Difícilmente puede admitirse que una teoría falsa explique de un modo tan satisfactorio, como lo hace la teoría de la selección natural, las diferentes y extensas clases de hechos antes indicadas. Recientemente se ha hecho la objeción de que este es un método de razonar peligroso; pero es un método utilizado al juzgar los hechos comunes de la vida y ha sido utilizado muchas veces por los más grandes filósofos naturalistas."

Charles Darwin, op. cit, pp. 452-453, cap.
15, "Recapitulación y Conclusión"

Si Darwin tenía razón, ¿por qué los científicos se pasaron los dos siglos siguientes tratando de confirmar o falsar la hipótesis de la selección natural? Recién en los últimos tiempos hemos podido afirmar con confianza que alguna versión un tanto modificada de las hipótesis de Darwin es efectivamente verdadera. El **error de Darwin** consiste en creer que si a partir de una afirmación pueden deducirse fácilmente muchas verdades, esa afirmación *tiene que ser* verdadera. Pero eso es invertir el orden del razonamiento.

Para que las afirmaciones puedan llegar a explicar algo de manera satisfactoria, tienen que ser plausibles –de otro modo, la explicación no será buena–. El argumento asociado debe ser bueno, o necesitamos evidencia independiente de la verdad de esas afirmaciones.

Pero, si se trata de la mejor explicación que tenemos, ¿no es suficiente para creer que es verdadera? No, porque no disponemos de criterios aceptados acerca de qué debe considerarse como la mejor explicación en cada caso; y aunque los hubiera, se trata solamente de la mejor explicación que se nos ha ocurrido hasta ahora.

Los científicos depositan grandes esperanzas en sus hipótesis, y si estas parecen ofrecer una mejor explicación que las teorías actualmente disponibles, eso les da un buen motivo para investigarlas. Pero cuando alguien piensa que proponer una hipótesis que explica muchas cosas equivale a demostrar que esa hipótesis es verdadera, la comunidad científica rápidamente se encarga de corregirlo. La falacia de la ***inferencia a la mejor explicación*** consiste en afirmar que, por el simple hecho de que algunas afirmaciones son la mejor explicación que tenemos, deben ser verdaderas.

Encontrar una explicación que sea mejor que el resto solo nos proporciona un motivo para tratar de averiguar si las afirmaciones que forman parte de la explicación son verdaderas o falsas.

Esta es la mejor explicación que tenemos
= (debería entenderse como)
   Esta es una buena hipótesis para investigar.

Ejemplo 29   Tomás: La epidemia del SIDA la comenzó la CIA. Querían deshacerse de los homosexuales y los negros, por eso que dirigieron la enfermedad hacia esos grupos. Al principio la probaron en África, porque querían que la investigación se mantuviera oculta. No es más que otro intento del gobierno de destruir a las personas que no le gustan.

Análisis   Efectivamente, la afirmación de que el SIDA comenzó como un proyecto de la CIA explicaría muchas cosas. Pero no hay ninguna razón para creer que es verdadera. La única evidencia que tenemos es el argumento asociado, que es débil.

Ejemplo 30   Tomás: Los antiguos egipcios eran un pueblo atrasado que vivía en medio del desierto. ¿Cómo van a ser capaces de construir las pirámides ellos solos? Por supuesto que tuvieron ayuda de alguna civilización extraterrestre tecnológicamente avanzada. Además, los incas y los aztecas también construyeron pirámides. ¿Por qué eligieron la misma forma? La única explicación posible es que los extraterrestres están entre nosotros desde hace mucho tiempo, aunque los gobiernos del mundo se empeñen en ocultarlo.

Análisis   Efectivamente, decir que alguna "civilización extraterrestre tecnológicamente avanzada" visita la Tierra desde hace muchos años explicaría muchas cosas. Pero no hay ninguna razón para creer que esa afirmación es verdadera. La única evidencia que tenemos es el argumento asociado, que es débil. Entre otras cosas, la oración "los antiguos egipcios eran un pueblo atrasado" sería dudosa si no fuera demasiado vaga como para ser considerada una afirmación, y tampoco sabemos por qué "los gobiernos del mundo" estarían tan interesados en ocultar esa información.

Toda teoría conspiratoria depende del error de Darwin. Si alguien dice que no se trata de la mejor explicación porque sus premisas no son plausibles, ya ha aceptado que deberíamos tener evidencia independiente para que la explicación fuera verdadera.

Ejemplo 31   Yo: ¿Por qué tengo este dolor de espalda? No se siente como un calambre ni como un nervio pellizcado.
Doctor: Un cálculo renal explicaría el dolor. Los cálculos renales suelen provocar dolor en esa área.

Análisis   Cuando llegué a la sala de emergencias, el doctor me dio esa explicación. Y habría sido una buena explicación si hubiera habido alguna buena razón para creer que "Usted tiene un cálculo renal" era verdadera. Pero en ese momento, la única razón que tenía el doctor era el argumento asociado, que no era fuerte. Sin embargo, era la mejor explicación que tenía. Así que el doctor hizo predicciones, razonando por hipótesis: "Un cálculo renal aparecería en una radiografía", "Si se tratara de un cálculo renal, el paciente presentaría un conteo elevado de glóbulos blancos", "Si se tratara de un cálculo renal, el paciente presentaría sangre en la orina". El doctor puso a prueba cada una de esas hipótesis, y descubrió que eran falsas. Luego razonó –por reducción al absurdo– que si la explicación fuera verdadera, esas hipótesis también debían serlo. Pero dado que todas eran falsas, era muy probable que la explicación fuera falsa.

Como no encontró ninguna otra cosa, por proceso de eliminación concluyó que yo estaba sufriendo de un severo espasmo o contractura, que solo podía remediarse con ejercicio y con una mejor postura. Si hubiera creído que "Usted tiene cálculos renales" era la explicación verdadera simplemente porque era la mejor que tenía hasta el momento, no habría tenido sentido realizar ninguno de los análisis. Y si el doctor hubiera creído eso, yo habría tenido que someterme a un tratamiento innecesario, o incluso a una cirugía innecesaria. Encontrar una explicación que sea mejor que las demás no justifica que creamos en ella; es solo un buen motivo para investigar si efectivamente es o no verdadera.

Explicaciones teleológicas

Un día, mientras limpiaba mi casa, se me ocurrió preguntarme "¿Por qué hay un filtro en la aspiradora?". El mecanismo de la aspiradora tenía un filtro parecido a una esponja, pero yo había comprobado que funcionaba más rápido si se lo quitaba. Lo que me preguntaba era cuál podía ser la función del filtro. Podría responderse con una explicación causal que comenzara explicando cómo, en algún momento, la persona que diseñó la aspiradora decidió que debía llevar un filtro, y para eso podríamos apelar a cuál fue la función que esa persona pensó que la aspiradora debía cumplir. Pero esa explicación no vendría al caso. Yo no estaba interesado en averiguar por qué es verdad que la bomba de hecho incluye un filtro, aunque (evidentemente) mi pregunta presuponía esa afirmación. Lo que yo quería saber es qué *función* cumplía el filtro.

Hay explicaciones que no responden a la pregunta "¿Por qué es esto verdadero?", sino a preguntas del tipo de "¿Qué función cumple esto?" o "¿Por qué (o para qué) tal o cual persona haría tal o cual cosa?".

Explicaciones teleológicas   Una *explicación teleológica* es una explicación que apela a fines, propósitos o funciones, o que incluye afirmaciones acerca de un momento posterior al que se describe en la afirmación explicada.

Ejemplo 32   ¿Por qué aquel misil vuela en esa dirección?
Porque tiene ganas de estrellarse contra aquel avión.

Análisis   Adjudicar deseos a un misil es un ejemplo del peor antropomorfismo: las personas pueden tener objetivos, deseos o fines, pero los misiles, no. Esta explicación teleológica debería remplazarse por una explicación inferencial: "El misil ha sido diseñado para dirigirse hacia la fuente de calor más cercana cuya temperatura sea comparable con la que genera el motor de un avión a reacción. Y aquel avión tiene uno de esos motores." Muchas veces se ofrece una explicación teleológica cuando deberíamos utilizar una explicación inferencial.

Las explicaciones teleológicas presentan serios problemas. Si una explicación incluye afirmaciones que hablan de un momento posterior al que se describe en la afirmación explicada, no puede ser una afirmación causal. Sería como si el futuro de alguna manera estuviera influyendo sobre el pasado. Si la explicación utiliza afirmaciones que solo podrían llegar a ser verdaderas después de la afirmación explicada, parecería que *el efecto precede a la causa* y, como vimos, en una afirmación causal debería ser al revés.

Pero, además, cuando pedimos una explicación teleológica estamos presuponiendo que el objeto en cuestión tiene una función, o que la persona o cosa de la que hablamos tiene un objetivo o una motivación. Cuando pedimos una explicación teleológica estamos presuponiendo eso.

Y muchas veces sucede que sencillamente no hay ninguna motivación, ninguna función, ningún fin (ningún "*para* qué"), o en todo caso no hay nada que podamos identificar con claridad. Al igual que con las preguntas capciosas, la reacción adecuada consiste en preguntarse por qué deberíamos creer que existe una función o una motivación. Presuponer que por el solo hecho de que algo ocurre debe tener algún propósito es lo que se llama **falacia teleológica**.

Ejemplo 33   Daniel (con el dedo en la nariz): ¿Para qué tenemos mocos, que encima después se secan y nos obligan a andar metiéndonos el dedo en la nariz para sacarlos? Es estúpido. No entiendo para qué puede servir...

Zoe: ¿Y qué te hace pensar que tiene algún propósito? ¿No puede ser que algunas cosas sencillamente sean como son? Quizá es solo una de las tantas características con las que evolucionó nuestra especie.

Análisis   Zoe, correctamente, le hace notar a Daniel que está cometiendo una falacia teleológica.

Un problema todavía más grave con las explicaciones teleológicas es que carecemos de criterios para decidir qué características debería tener una explicación para que podamos considerarla una *buena* explicación teleológica. Y esto se debe a que tampoco tenemos una idea clara acerca de cómo juzgar precisamente en qué consiste la función de una cosa. En el mejor de los casos, podemos decir que, para que una explicación teleológica (*E*, porque *A*, *B*, *C*) sea buena:
1. La afirmación *E* debería ser altamente plausible.
2. La explicación debería responder a la pregunta correcta.
3. La explicación no debería ser circular.
4. La explicación no debería adjudicar motivaciones, creencias o fines a algo que carece de ellos.

Ejemplo 34 ¿Por qué soñamos? Dado que el descanso es esencial para la salud, los sueños cumplen la función de satisfacer nuestros deseos mientras dormimos, evitando que la frustración nos obligue despertar antes de tiempo.

Análisis Para los freudianos esta es una buena explicación. Y es teleológica. Pero no parece haber ninguna forma de interpretarla en términos de una explicación inferencial (al menos no de acuerdo al resto de la teoría freudiana).

Y aquí las opiniones se dividen. Podemos sostener que es una explicación teleológica, y que además es buena; o podemos afirmar que este ejemplo muestra que las teorías freudianas del inconsciente son en general malas, porque solo pueden ofrecernos explicaciones teleológicas.

Ejemplo 35 ¿Por qué circula sangre por nuestro cuerpo?
(1) Porque el corazón bombea sangre a las arterias.
(2) Para transportar oxígeno hacia todos los tejidos del cuerpo.

Análisis La primera es una buena explicación causal, siempre que responda a la pregunta correcta. La segunda es una buena explicación teleológica, siempre que responda a la pregunta correcta.

Ejemplo 36 Daniel: ¿Ves? Lo dice en el cartel: "Los verdaderos hombres no eligen".

Zoe: Ah… ¿Y?

Daniel: Es verdad, así estamos programados genéticamente. Hace mucho, cuando aún estábamos evolucionando, los varones eran más fuertes que las mujeres y salían a cazar. Las mujeres salían a recolectar frutos. Al ir de cacería hay que conformarse con lo primero que uno pueda alcanzar y matar. Aunque los varones hubieran salido con la idea de cazar un mastodonte, no podían darse el lujo de despreciar ni siquiera un pequeño conejo (porque no podían estar seguros de encontrar otra presa). En cambio, cuando las mujeres salían a recolectar frutos y bayas, tenían muchas opciones. Podían permitirse elegir solo las mejores y descartar las que no les parecían tan buenas. Y es por eso que a las mujeres les gusta ir de compras y pasan tanto tiempo eligiendo cada prenda, mientras que los varones prefieren entrar a un negocio, comprar lo primero que encuentran, y salir enseguida de ahí.

Análisis   Esto explica por qué los hombres (a diferencia de las mujeres) no pasan mucho tiempo eligiendo qué ropa comprar. Pero no lo explica muy bien. Es un ejemplo del error de Darwin: un relato interesante pero no muy plausible, como "Las medias de los flamencos", de Horacio Quiroga.

Evaluar riesgos y tomar decisiones

19 Evaluar riesgos

Sopesar riesgos

Un *riesgo* es una posibilidad futura que juzgamos mala o negativa y que sería consecuencia de algo que decidimos hacer o no hacer. *Sopesar* es evaluar con atención el *pro* y el *contra* de un asunto.

Ejemplo 1 Cuando salen a pasear, a Daniel le gusta dejar que Sultán corra libremente, y un riesgo asociado a esto es que Sultán puede terminar atropellado por un auto, porque tiene la costumbre de perseguir gatos vayan adonde vayan. Puede ser que Daniel nunca haya pensado en ese riesgo, y en ese caso simplemente está siendo descuidado. Pero resulta que ya pensó en esto, y considera que *vale la pena correr el riesgo*: le parece que los posibles resultados positivos superan con mucho a los negativos. Si nunca pudiera correr a sus anchas, Sultán no haría ejercicio, y realmente no podría disfrutar de sus paseos por el parque. Además, Daniel está convencido de que no es muy probable que salga corriendo hacia la calle: después de todo, Sultán es un perro obediente y está bien entrenado. Sin embargo, Tomás no está de acuerdo. Sabe que Sultán se enloquece cuando ve un gato. Y sabe que no es la única razón por la que podría ser atropellado por un auto. Además, cree que hay muchas otras buenas maneras de asegurarse de que haga ejercicio: Daniel podría llevar a Sultán con una correa mientras él va en bicicleta, o podría decidir llevarlo al campo los fines de semana, para que pueda correr tranquilo sin el peligro del tráfico. Tomás sopesa la probabilidad del riesgo de manera diferente y cree que hay otras opciones para obtener los mismos resultados positivos.

Evaluar riesgos Para evaluar cómo nos conviene actuar deberemos:
Sopesar qué tan probable es el riesgo.
Sopesar qué tan probable es el resultado positivo.
Sopesar qué tanto nos interesa evitar el riesgo comparándolo con qué tanto deseamos el posible resultado positivo de nuestro acto.
Sopesar qué tan difícil sería obtener el (mismo) resultado positivo por otros medios.

Es muy raro que podamos cuantificar (ponerle un número a) estas evaluaciones. Qué tanto deseamos evitar cierto riesgo, o cuánto deseamos obtener un determinado resultado positivo son cosas que solo pueden evaluarse de manera subjetiva o, como mucho, intersubjetiva.

Ejemplo 2 Héctor es un estudiante que trabaja, y le gustaría ganarse $5.000. Se enteró de que las acciones de cierta empresa están a bajo precio y que probablemente este aumentará en los próximos meses. Si es así, invirtiendo $5.000 podría obtener el mismo dinero. Pero esos son casi todos sus ahorros, y no quiere arriesgarse a perderlos. En comparación, para Bill Gates invertir $5.000 sería un riesgo sin importancia, y aunque tampoco le molestaría obtener una ganancia de $5.000, probablemente no consideraría que vale la pena tomarse la molestia (sabe que puede ganar más dinero invirtiendo en otras cosas).

Otro factor que generalmente depende de criterios subjetivos es qué tan difícil consideramos que sería obtener el mismo beneficio (resultado positivo) mediante otros medios.

Ejemplo 3 Para Tomás resultaría fácil sacar a pasear a Sultán con una correa mientras él anda en bicicleta, o corriendo a su lado, porque Tomás es deportista y disfruta de la actividad física. Pero Daniel no acostumbra hacer mucho ejercicio, y ese tipo de cosas le resultarían mucho más difíciles. Lo que sí podría hacer es pedirle a Tomás que se encargue de sacar a pasear a Sultán (después de todo, a él se le ocurrió la idea).

Ejemplo 4 Daniel: ¿Escuchaste lo que dice el pronóstico meteorológico? Hay un 40% de probabilidades de granizo en esta zona dentro de las próximas horas.

Zoe: ¡Y el auto está en la calle! ¡Hay que apurarse a estacionarlo bajo techo!

Análisis El granizo es algo malo, pero no se trata de un riesgo, porque no es una consecuencia de algo que hagamos o dejemos de hacer. Las compañías de seguros suelen vendernos pólizas contra este tipo de calamidades llamándolos "desastres naturales" o "un acto de Dios". Aquí, el riesgo no es la posibilidad de que haya granizo, el riesgo es lo que podría pasar si Zoe y Daniel no se apresuran a tomar las precauciones necesarias.

Ejemplo 5 La Asociación de Científicos Preocupados por la Guerra Nuclear estima que hay un 30% de probabilidades de que en algún lugar el mundo haya una guerra nuclear el próximo año.

Análisis La mayoría de las personas consideran la posibilidad de una guerra nuclear como si se tratase de un desastre natural, algo completamente fuera de nuestro control. Pero que haya una guerra nuclear es algo que depende de *lo que nosotros hagamos*, **todos nosotros**: desde la persona que no va a votar, hasta un diplomático o el presidente. Si pensamos en la guerra nuclear como en un acto de Dios (o del Destino) nos imaginamos impotentes frente a esas incontrolables fuerzas invisibles. En realidad, ese peligro no es más que nuestra propia creación.

¿Qué tan probable es el riesgo?

A veces tenemos una idea bastante confiable de qué tan probable es un determinado riesgo. A Tomás le parece bastante probable que Sultán se escape corriendo hacia la calle si no lo llevan con una correa, y su evaluación parece más exacta que el pensamiento ilusorio de Daniel. En comparación, Héctor no puede ni siquiera imaginar qué probabilidades tiene de perder todos sus ahorros si decide invertir en acciones.

Cuando evaluamos la probabilidad de un riesgo o de un resultado positivo estamos tratando de imaginar qué tan probables (o verosímiles) son las posibilidades del caso. Y eso es lo que hemos venido haciendo todo este tiempo al evaluar argumentos, afirmaciones causales y explicaciones. Se trata de sopesar qué tan fuerte es la inferencia que lleva de las premisas acerca de lo que creemos que es el caso hasta un determinado resultado (la conclusión). Por ejemplo, Tomás piensa que la inferencia a partir de "Daniel saca a pasear a Sultán sin correa" a (la conclusión) "Sultán sale corriendo hacia la calle y resulta atropellado por un auto" es fuerte, mientras que para Daniel no es tan fuerte. Por otro lado, Héctor no tiene ni idea de qué tan fuerte es la inferencia que va desde "Invierto $5.000 en acciones que me parecen subvaluadas" hasta "Pierdo todo mi dinero".

Sin embargo, a veces podemos hacer una buena estimación de qué tan probable es el riesgo.

Ejemplo 6   Daniel: Arrojemos una moneda, te apuesto $5 que cae cara.
Tomás: Acepto.

Análisis   Tomás y Daniel saben que en este caso la probabilidad de que alguno de ellos termine perdiendo $5 es exactamente del 50%.

Ejemplo 7   Zoe: ¡No te lo puedo creer! ¿Vas a comprar un boleto de lotería?
Daniel: ¿Y por qué no?
Zoe: Basta con hacer el cálculo... La posibilidad de ganar el premio es de una en 100.000.000.

Análisis   Daniel entiende que es casi seguro que terminará por perder el dinero del boleto; su posibilidad de ganar el premio no es muy superior que la que tendría si no lo hubiera comprado. Pero aun así decide comprarlo. Le parece que el posible beneficio de comprar un boleto de lotería supera por mucho el riesgo de perder $1 (Daniel puede pasarse horas contándole a sus amigos todas las cosas que planea hacer si gana el premio). Además, lo consuela pensar que el dinero que él puede llegar a perder (o al menos parte de ese dinero) se invertirá en obras de asistencia pública. Por supuesto, otros podrían pensar que malgastar el tiempo fantaseando con lo que haríamos si ganáramos millones de pesos ya califica como un resultado negativo.

Ejemplo 8   Daniel: Y decías que yo estaba loco por comprar un boleto... ¡Y ahora compraste seis!
Zoe: ¡Sí, pero este mes el premio es de $260.000.000!

Análisis   Al comprar seis boletos, Zoe tiene seis veces más posibilidades de ganar el premio que si hubiera comprado solo uno –aunque sigue siendo una posibilidad mínima–. Puede ser que Zoe no esté tomando en cuenta las cifras asociadas con el riesgo del caso, o puede que la posibilidad de ganar $260 millones (en lugar de los $25 millones que se sortean normalmente) haga que el beneficio le resulte cien veces más atractivo. Y no se trata de que la lotería sea una especie de impuesto a la ignorancia matemática... En realidad, la lotería funciona porque hay muchas personas cuya codicia los convence de que el posible resultado positivo supera ampliamente el riesgo (siempre y cuando este no sea muy grande).

Ejemplos de errores al evaluar riesgos

Ejemplo 9 Ricardo: Estoy pensando en unirme al ejército. Betina: ¡Pero eso es muy peligroso! Ricardo: ¡Para nada! La tasa de mortalidad de los soldados en Irak es menor que la de los habitantes de Nueva York.

Análisis Ricardo y Betina viven en los Estados Unidos, que casi siempre está involucrado en conflictos militares, y por eso cuando alguien se une al ejército sabe que casi seguramente deberá ir a la guerra. Pero el argumento de Ricardo es una comparación entre peras y manzanas. La tasa de mortalidad para los habitantes de Nueva York toma en cuenta a todas las personas que viven en esa ciudad (ancianos, enfermos, vagabundos, etc.). Para evaluar adecuadamente el riesgo, Richard debería comparar la tasa de mortalidad de los habitantes saludables (en edad de unirse al ejército) que viven en Nueva York con la tasa de mortalidad de los soldados en Irak, y también debería comparar las probabilidades de sufrir heridas serias en un grupo y en otro.

Ejemplo 10 Zoe: ¡Mira el periódico! Hubo un accidente de avión en Nueva York y murieron los 168 pasajeros. Cuando vayamos a visitar a mi madre, mejor vayamos en auto. Será mucho más seguro.

Análisis Este es un caso de atención selectiva. La probabilidad de morir en un accidente en la ruta es muy superior a la de morir en un accidente de avión, lo que sucede es que los diarios no suelen publicar en una misma noticia el número total de esas muertes (como sí sucede cuando se cae un avión). También existe la ilusión de que, al manejar un auto, uno tiene mucho más control sobre los posibles riesgos que cuando viaja en avión. Sin embargo, la mayoría de las personas que conducen autos poseen menos entrenamiento y prestan menos atención a su tarea que los pilotos de aviones de pasajeros.

Ejemplo 11 Daniel: Acabo de leer que la mayoría de los accidentes automovilísticos ocurren en un radio de cinco kilómetros del hogar. Así que cuando vayamos a visitar a tu madre solo tendremos que manejar con cuidado hasta que salgamos de la ciudad.

Análisis Por supuesto que la mayoría de los accidentes automovilísticos ocurren cerca del hogar de la persona que conduce, porque es la zona más transitada *por esa persona*. Lo que indica la verdadera probabilidad del riesgo de transitar por algún lugar es la tasa total de accidentes *en esa zona.*

Ejemplo 12 Tomás: En este diario dice que un tercio de las muertes por avalancha en la Argentina ocurren en Río Negro. Mejor busco otro lugar donde ir a esquiar en estas vacaciones.
Héctor: ¡Muy cierto! Te aconsejo Misiones, ahí nunca ha habido ningún muerto por avalancha.
Tomás: Pero si en Misiones no hay nieve…
Héctor: ¡Con razón la gente prefiere esquiar en Bariloche!
Análisis Tomás está confundido. Piensa que la cifra relevante a la hora de determinar el riesgo de esquiar es el número de muertes por provincia, pero Héctor le demuestra que está equivocado. Si queremos averiguar cuál es el riesgo de ir a esquiar (a Río Negro), lo que debemos evaluar es cuál es la tasa de esquiadores muertos por avalancha en esa provincia.

Ejemplo 13 Zoe: ¿Cómo puedes beber agua de la canilla? ¿No sabes que contiene altos niveles de arsénico?
Mamá de Zoe: Bah, no veo cuál es el problema. Todavía no me he muerto…
Análisis Claro que todavía está viva. El envenenamiento por arsénico no mata instantáneamente. Su efecto es acumulativo: si el agua de la canilla contiene arsénico y una persona bebe grandes cantidades durante mucho tiempo, eventualmente contraerá cáncer. La mamá de Zoe está confundiendo el riesgo a corto plazo con el riesgo a largo plazo.

Ejemplo 14 Abuelo de Lisandro: Hace treinta años que dejé de fumar, y todavía me dan ganas de encender un cigarrillo. Ya tengo setenta y cinco, que es la expectativa de vida promedio para los varones. Bien podría volver a fumar. De todos modos, lo peor que puede pasar es que me muera.
Análisis El fatalismo del abuelo de Lisandro está fuera de lugar. Que la expectativa de vida para los varones sea de setenta y cinco años significa que cada niño que nace vivirá, en promedio, unos setenta y cinco años. Pero la expectativa de vida promedio de los varones que llegan a los setenta y cinco años es de al menos ochenta y cinco años (o

sea, diez años más). Además, al decir que lo peor que puede pasar es que el cigarrillo lo mate, el abuelo de Lisandro está pasando por alto otros riesgos de fumar: aunque no acorte su vida, puede causarle dificultades para respirar y todo tipo de complicaciones que harán que los años que le quedan resulten mucho peores.

Evaluar riesgos en decisiones relativas a la salud

Cuando tomamos decisiones acerca de nuestra salud muchas veces nos enfrentamos a cifras que parecen mostrar claramente cuál es la probabilidad del riesgo en relación con el posible beneficio. Pero lo fundamental para tomar buenas decisiones es cómo entendemos esos números, y si efectivamente nos dicen lo que necesitamos saber.

Ejemplo 15 Supongamos que un equipo de fútbol tiene un análisis para detectar el uso de esteroides que provee resultados correctos el 95% de las veces, y devuelve falsos positivos el 5% de las veces. Se analizan 400 jugadores, y el resultado de Rafael es positivo. ¿Debería ser penalizado?

Análisis Al principio, parece que la respuesta debería ser "sí", porque hay un 95% de probabilidades de que Rafael esté consumiendo esteroides. Pero no es así. Los análisis anteriores muestran que la cantidad de jugadores de fútbol que utilizan esteroides es de alrededor del 5%. Por lo tanto, de los 400 jugadores analizados:
  20 (5%) consumen esteroides, mientras que 380 no lo hacen.
  Es probable que el análisis identifique correctamente a 19 de esos 20 consumidores (el 95%)
De los 380 que no utilizan esteroides, es probable que 19 (el 5%) obtengan un falso positivo (es decir, que sean identificados como consumidores, aunque no lo sean).
Por lo tanto, la posibilidad de que el resultado del análisis de Rafael (uno de esos 38 análisis positivos) sea correcto es solo del 50%. La probabilidad de que un determinado análisis resulte correcto no depende solo de la exactitud del análisis, también depende (en este caso) de la proporción de jugadores que utilizan esteroides. Por eso, antes de suspender a algún jugador, lo que se hace es repetir el análisis. Luego del segundo análisis, como mucho esperaríamos obtener un falso positivo para uno de los 19 jugadores que no consumen esteroides (el 5%), mientras que 18 de los 19 consumidores (el 95%) volverían a obtener un positivo. Después de un

tercer análisis, es casi imposible que el análisis de un jugador que no utiliza esteroides resulte positivo; y es casi seguro que todos aquellos quienes el análisis identifica como positivos efectivamente están usando esteroides. Para evaluar el resultado de un análisis debemos tomar en cuenta no solo qué tan confiable es la prueba, sino también lo que sabemos acerca de la población (es decir, qué resultados podemos esperar encontrar en esa población).

Ejemplo 16 "Los médicos afirman que en el tratamiento para el cáncer próstata que ha empezado a hacer metástasis, la tasa de supervivencia mejora significativamente si se suplementa el tratamiento de hormonas con aplicaciones de radiación.

Este nuevo estudio se realizó en 1.200 hombres a los que se les administraron hormonas además de radiación, o solamente hormonas. Luego de siete años, el 74 por ciento de los pacientes que recibieron ambos tratamientos continuaban vivos, contra un 66 del otro grupo.

Quienes recibieron ambos tratamientos vivieron en promedio seis meses más que los que solo recibieron hormonas."

Albuquerque Journal, 07/06/2010

Análisis El abuelo de Susana sufre de cáncer de próstata, que ha comenzado a diseminarse. Después de leer este artículo, Susana trató de convencerlo de comenzar un tratamiento de radiación además de su actual tratamiento de hormonas. "¡Tienes que intentarlo, podrás vivir seis meses más!".

Su abuelo le hizo notar que los varones viven en promedio seis meses más, así que no hay garantías de que el tratamiento alargue su vida mucho más que eso. Además, le mostró que el artículo no menciona los efectos secundarios de la terapia de radiación, que podrían hacer que una persona no desee vivir esos seis meses adicionales. No podemos tomar una buena decisión si evaluamos únicamente los posibles beneficios.

Ejemplo 17 Zoe: ¡No puedo creer que estés tomando té de ruda!
Mamá de Zoe: ¿Cuál es el problema? Dicen que es sedante, y además "regula la función cardíaca". Mi amiga Sandra anda mucho mejor desde que lo empezó a tomar. Y además, no puede hacer daño, lo venden en la tienda naturista...

Análisis Para evaluar riesgos debemos razonar. ¿*Quiénes* dicen que es sedante y que "regula la función cardíaca"? ¿La mamá de Zoe simplemente repite algo que escuchó por ahí? Su amiga Sandra puede estar sintiéndose mejor por pura coincidencia, y aunque no fuera así, como mucho se trata de evidencia anecdótica. Además, la idea de que nada de lo que venden en las tiendas naturistas puede ser malo para la salud es un completo sinsentido. Con solo investigar un poco en internet, Zoe puede informarle a su madre que el consumo de *Ruta graveolens* (el nombre científico de esa especie de planta) está desaconsejado durante el embarazo, en niños y adultos mayores, y puede interferir con otras medicaciones. Además, aunque efectivamente fuera inofensiva, si la mamá de Zoe siente alguna molestia, decidir tomar té de ruda en lugar de consultar con un profesional médico sí puede resultar perjudicial. Cuando decimos "total, no puede hacer daño", nos estamos negando a tomar en serio las posibles consecuencias negativas.

Ejemplo 18 "Una vacuna para el herpes zóster fue aprobada en 2006. En los ensayos clínicos, la vacuna evitó el herpes zóster en alrededor del 50% de pacientes de sesenta años o más."

"Vacuna contra la varicela: lo que debe saber", Página web del Centro para el Control de Enfermedades, 12/09/2012

Análisis Esta es una fuente autorizada y parece dejar en claro que si alguien de sesenta años o más se vacuna, la probabilidad de que esa persona contraiga herpes zóster se reduce en un 50%. Pero en otro lugar de esa misma página web (del Centro para el Control de Enfermedades) se afirma que una de cada tres personas de esa edad contraen herpes zóster (una enfermedad que en Argentina se conoce popularmente como "culebrilla"). Así que la probabilidad de que alguien de esa edad *no* contraiga herpes es de 2/3. La única interpretación que tiene algún sentido es que, entre las personas a las que se realizó el estudio, los casos fueron de la mitad de los esperados sin vacunación (o sea, las personas que normalmente hubieran contraído herpes). Eso significa que si tienes sesenta años de edad o más, tu probabilidad de tener herpes es de 1/3 sin la vacuna, y de 1/6 con la vacuna –siempre que no sepas de antemano si estás entre quienes probablemente no contraerán herpes (según el documento, si no has sufrido varicela, no contraerás herpes) –. Pero también hay

Evaluar riesgos 191

posibles efectos secundarios de la vacuna, cuyo riesgo puede ser cuantificado con claridad, y esos riesgos abarcan a todos los que se vacunan.

Lo que parecía una presentación clara de la probabilidad de reducir un riesgo serio está tan mal redactado que termina resultando casi inútil, porque no nos da la información necesaria para tomar una buena decisión.

Ejemplo 19
"Normalmente se les informa a las mujeres que realizarse la mamografía reduce el riesgo de morir por cáncer de mama en un 25%. ¿Significa que de las cien mujeres que se realizan el chequeo, veinticinco salvarán sus vidas? Aunque muchas personas lo creen así, esa conclusión no está justificada. Lo que significa es que de mil mujeres que se realizan el chequeo 3 morirán de cáncer de mama en los siguientes diez años, mientras que de las 1.000 mujeres que no se realizaron el chequeo, morirán 4. La diferencia entre 4 y 3 es la 'reducción de riesgo relativo' del 25%. Expresada en términos de 'reducción de riesgo absoluto', el beneficio es de 1 en 1.000, o sea un 0,1 %. Las organizaciones para el cáncer y los departamentos de salud insisten en informar a las mujeres en términos de reducción de riesgo relativo, lo que da un número mucho mayor (25% en lugar de 0,1%), lo que hace que el beneficio del estudio parezca muy superior que si se los representara en términos de riesgos absolutos."

U. Hoffrage y G. Gigenzer, "Cómo mejorar las inferencias de diagnóstico de los expertos médicos", en Expertos en ciencia y sociedad.

Para evaluar riesgos necesitamos utilizar todas nuestras habilidades de razonamiento. Y evaluar riesgos es una parte importante de tomar buenas decisiones.

20 Tomar decisiones

Las habilidades que has aprendido aquí pueden ayudarte a tomar mejores decisiones.

Tomar una decisión es hacer una elección. Tenemos opciones. Para ello, lo primero es enumerar las razones a favor y en contra de cada elección –anotar todos los *pro* y los *contra* en los que podamos pensar–. Después, intentamos encontrar el mejor argumento para cada lado de la lista. Así, será fácil saber cuál es la decisión correcta: deberíamos elegir la opción para la que hayamos encontrado un mejor argumento. Para tomar buenas decisiones solo tenemos que tener mucho cuidado al buscar buenos argumentos que las respalden.

Pero a veces hay más de dos opciones entre las cuales elegir. Para asegurarnos de que no estamos ante un falso dilema, lo primero que deberíamos hacer es enumerar todas las opciones y encontrar un argumento que muestre que de hecho se trata de las únicas opciones disponibles. También deberíamos recordar que siempre podemos decidir no hacer nada (o continuar haciendo lo que hacíamos antes), y eso *también es una decisión*, que puede tener serias consecuencias.

Supongamos que después de todo esto todavía tenemos la sensación de que algo no está bien. A veces nos damos cuenta de que el mejor argumento respalda la opción que nos parece incorrecta. Tenemos la fuerte intuición de que se trata de la decisión equivocada. Lo más seguro es que estemos olvidando algo. No deberíamos ser irracionales. Sabemos que siempre que encontramos un argumento cuya conclusión es falsa deberíamos tratar de mostrar que se trata de un argumento débil o inválido, o que incluye alguna premisa dudosa. Tendremos que volver a revisar la lista de razones a favor y en contra, y si es posible, tratar de conseguir más información.

Después de leer este libro habrás agudizado tu capacidad de razonamiento, comprenderás más cosas y evitarás engañarte. Y así, esperamos, serás capaz de razonar bien tanto con las personas que amas como con aquellos con quienes trabajas, y también podrás tomar mejores decisiones. Pero para que puedas tener éxito, lo importante no es solamente el método –las *herramientas* que utilizas para razonar– sino cuáles sean tus objetivos, tus fines. Y eso ya depende de la virtud.

Escribir bien

Lo primero es pensar con claridad. Después, escribir con claridad.

Ahora sabes cómo evaluar afirmaciones, argumentos, razonamientos causales y explicaciones. Cuando quieras presentar tus propias ideas, puedes usar esas habilidades para evaluar lo que escribes.

Escribir bien requiere de práctica, hay que *desaprender* muchos atajos que usamos para *rellenar* textos, escribir mucho y decir poco, o hacer que lo que escribimos parezca más importante de lo que realmente es. La escuela y el trabajo te ofrecen muchas oportunidades para practicar. Este es un resumen de algunas sugerencias que te serán útiles.

1. Si no incluyes buenos argumentos, ni todo el estilo del mundo podrá rescatar tu ensayo.
2. Si el tema es vago, debes incluir definiciones o intentar reformularlo para que puedas presentar alguna afirmación precisa sobre la cual discutir.
3. Una buena manera de hacer que un asunto claro se vuelva confuso es recurrir a frases que utilizamos cotidianamente pero que son tan vagas que no significan nada. Cuando decimos: "Estamos en un país libre" o "Todas las opiniones son respetables" no estamos agregando nada al argumento. Esto es algo que siempre deberías evitar.
4. Las afirmaciones engañosas y las argucias hacen que las personas a quienes estás intentando convencer dejen de prestarte atención. Y las falacias hacen que las personas que te leen con atención terminen por convencerse de que eres tonto o malintencionado.
5. Siempre es riesgoso utilizar preguntas como si fueran afirmaciones. Aunque te parezcan obvias, es posible que el lector no coincida contigo acerca de sus respuestas.
6. Tu argumento no mejorará porque trates de *maquillarlo* o *suavizarlo* incluyendo expresiones como "creo que", "me parece que", "en mi humilde opinión", etc. Es probable que al lector no le interesen tus sentimientos, y ninguno de estos agregados ayudará a establecer la verdad de tu conclusión.

7. Tus lectores deberían ser capaces de identificar y de seguir la estructura de tu argumento. Es esencial utilizar palabras indicadoras ("si..., entonces", "por lo tanto", etc.).

8. Tus premisas deberían ser altamente plausibles y deberían tener "pegamento": tiene que haber alguna afirmación que ligue las premisas con la conclusión.

9. No afirmes más de lo que efectivamente puedes probar.

10. Al construir argumentos, muchas veces encontrarás cierta tensión entre dos extremos opuestos. Puedes hacer que tu argumento sea válido o fuerte, pero a veces eso solo será posible si incluyes alguna premisa más bien dudosa. Por otro lado, si intentas que tu argumento contenga solo afirmaciones claramente verdaderas, es posible que te veas obligado a dejar de lado alguna premisa (dudosa) que haría de él un argumento más fuerte. Siempre que sea posible, deberías elegir el argumento más fuerte. Si ofreces un argumento débil, nadie debería tener razones para creer su conclusión. Y si el argumento es débil debido a alguna premisa no enunciada, siempre es mejor enunciarla para que pueda ser debatida, discutida o investigada.

11. Cuando presentas un argumento, puede que estés convencido de que es excelente. Quizá todas las premisas te parecen obvias y sientes que de ellas se sigue claramente la conclusión. Pero si imaginas que alguien te hace una objeción podrás descubrir maneras de ofrecer más apoyo a las premisas dudosas o ver de qué manera podrías mostrar que efectivamente el argumento es válido o fuerte. Si intentas responder a los contraargumentos en tus propios ensayos, le estarás mostrando al lector que no pasaste por alto ninguna objeción obvia. Simplemente haz una lista de las razones a favor y en contra, y luego responde a las objeciones. Tu argumento debería poder resistir las preguntas "¿Y?" o "¿Por qué?".

12. A veces el mejor argumento es el que concluye que deberíamos suspender el juicio.

Utiliza las habilidades críticas que has desarrollado leyendo este libro para evaluar tu propio trabajo. Aprende a mirarlo desde afuera y a juzgarlo de la misma manera en que juzgarías el trabajo de otro.

Si razonas bien y con calma, te ganarás el respeto de los demás y puede que descubras que ellos también merecen tu respeto.

Índice analítico

Abd-el-Kader, 37
absurdo, 11
ad hominem, véase *confundir a la persona con el argumento,*
confundir a la persona con la afirmación
afirmación causal, 137-140, 147-149, 156
   general, 137, 139, 147, 155
   particular, 137
afirmaciones, 2
   compuestas, 70
   descriptivas, 92-94
   de "solo si", 76
   dudosas, 21
   encubiertas, 58
   incontrastables, 153
   intersubjetivas, 6
   objetivas, 5
   plausibles, 21
   prescriptivas, 92-97
   subjetivas, 5
afirmar el consecuente, 77,78
agregar premisas, 42, 43
"algún/algunos", 82-87
alternativas, 70
Amorós, Celia, 11
analogía, 110
antecedente de un condicional, 73
antropomorfismo, 178
apelación a la autoridad, 34, 35, 66, 97, 132
apelación a la compasión, 67
apelación a la creencia común, 35
apelación a la emoción, 66-68
apelación al miedo, 67

ardid, 58
argucia, 61
argumento, 14
   bueno, 17-24
   débil, 17
   de pendiente resbaladiza, 80
   fuerte, 19
   inválido, 19
   irreparable, 43, 46, 48
   asociado, 170
   válido, 19
   y explicaciones, 169
atención selectiva, 131-133, 186
atenuador, 60
aumentador, 60

base de la comparación, 101, 105
Bierce, Ambrose, 11
Bioy Casares, Adolfo, 61
Borges, Jorge Luis, 58, 62
buen argumento, 17-24
buscar una causa demasiado lejana, 143, 146, 147

"casi todos", 43, 88, 89
causa, 141-150
   compartida, 140-142, 147, 154, 157
   en población, 152
   interviniente, 150
coincidencia, 143, 149, 195
comparación entre peras y manzanas, 104, 186
comparar explicaciones, 173
conclusión, 14

condiciones necesarias y suficientes, 75,76
condicionales, 73
condiciones necesarias para una buena explicación inferencial, 161
condiciones necesarias para causa y efecto, 138
condiciones normales, 139, 142
confiable, fuente, 29-33
confirmar una explicación, 173
confundir a la persona con el argumento, 36, 37
confundir a la persona con la afirmación, 34, 35
conjunción, 71
consecuencia previsible, 149,150
consecuente de un condicional, 73
contraargumento, 51, 52, 194
contradictoria de un afirmación, 70,
contradictoria de un condicional, 74
contradictoria de una afirmación compuesta con "o" (disyunción), 71
contradictoria de una afirmación compuesta con "y" (conjunción), 71
contradictorias de las afirmaciones generales, 85, 86
contrapositiva de un condicional, 75,76
Coolidge, Calvin, 147
Copérnico, Nicolás, 133
correlación y causación, 145
criterios para aceptar/rechazar afirmaciones no fundadas, 25-31

criterios para una buena generalización, 126-129

Darwin, Charles, 174, 176, 180
"deber-ser" no se sigue del "ser", 94
decisiones, 14, 66, 119, 187, 188, 191, 192
definición (demasiado) amplia, 10-12
definición (demasiado) estrecha, 10-12
definición, 9
persuasiva, 11, 58
democracia, 29, 41
derecho, 118-120
deseo de que algo sea verdadero, 68
disfemismo, 58, 59, 65
disyunción, 75
disyuntos, 70
dos veces cero es cero, 105

Edison, Thomas, 133
efecto, véase *causa*
eliminar premisas, 42, 44-46
error de Darwin, 174, 176, 180
estándar de valor, 93-96
eufemismo, 58
evaluar premisas, 25-38
evaluar un argumento, 17-22
evaluar riesgos, 182
evidencia anecdótica, 127, 131, 133, 190
evidencia inductiva, 121, 147, 172
experiencia, 3, 25-31, 155
experimento, 145
controlado de causa-a-efecto, 152, 153

(experimento)
  no controlado de causa-a-
    efecto, 153
  no controlado de efecto-a-
    causa, 153, 154
  explicación, 161-180
    causal, 164, 165, 168, 178
    circular, 163, 165, 167, 179
    confirmar una, 173, 174
    dependiente, 170
    inadecuada, 166
    independiente, 170
    inferencia a la mejor, 174, 175
    más simple, 173
    teleológica, 177-180
  explicaciones vs. justificaciones, 168
  explicaciones y predicciones, 171-173

falacias, 4-6, 34, 57, 66, 80, 96, 114, 124, 145, 175, 178, 193
  de apelación a la compasión, 67
  de apelación a la emoción, 66
  de composición, 114
  de afirmar el consecuente, 77, 78
  del apostador, 124
  del espantapájaros, 57
  de inferir causación a partir de una correlación, 145
  de invertir la dirección del razonamiento, 34, 78, 86, 88, 132, 133
  de negar el antecedente, 78, 79
  del trazado de límites, 4
  de la inferencia a la mejor explicación, 174, 175
  subjetivista, 6, 66, 96
  teleológica, 178

falsa precisión, 106
falsar una hipótesis, 172-174,
  véase también *poner a prueba una hipótesis*.
falso dilema, 72, 73, 192
Franklin, Benjamin, 36
fuente anónima/no identificada, 30
fuente sesgada, 30
fuentes confiables, 30
fuerza de un argumento, 19, 24
función de un objeto o cosa, 177-179

Galileo, 133
generalidades precisas y vagas, 88
generalización apresurada, 127
grupo de control, 153
Guía para reparar argumentos, 42

hombre de paja, véase *espantapájaros*
hipótesis, 81, 82, 172, 174-176
hipótesis y condicionales, 81

imaginación, 18, 19, 165
implicar, 49
indicadores de creencias, 15
indicadores de conclusión, 15
indicadores de premisas, 15
inferencia a la mejor explicación, 174, 175
inferir, 51
internet, 32-35
invertir el orden de causa y efecto, 143, 151
invertir la carga de la prueba, 63, 63, 165

invertir la dirección del razonamiento con "ningún", 87, 88
invertir la dirección del razonamiento con "todos", 86
irracional, 8, 41, 42, 140, 192

juicios de valor, 92

King, Martin Luther, 46

Lincoln, Abraham, 11, 41
ley de los grandes números, 124, 144

manera directa de razonar con "ningún", 97
manera directa de razonar con "todos", 86
manera directa de razonar con condicionales, 77, 78
maneras directas de refutar un argumento, 52
manera indirecta de razonar con condicionales, 78, 79
marca de la irracionalidad, 41
marcas de un buen argumento, 22
margen de error, 130, 134, 135, 152
Marx, Chico, 26
Marx, Groucho, 61
media, 101, 102
mediana, 101, 102
mejor explicación, 173-176
mentir, 40
modo o moda, 101, 102, 104
modus ponens, véase *manera directa de razonar con condicionales*

modus tollens, véase *manera indirecta de razonar con condicionales*
muestra, 121-135
(muestra)
representativa, 122-131
sesgada, 122, 125
muestreo arbitrario, 122, 125, 126
probabilístico, 123-125, 127, 128, 132, 134, 135

negar el antecedente, 78, 79
nivel de confianza, 130, 135

objeción, 51, 52, 194
oración declarativa, 2
oración demasiado vaga, 3-7, 47, 73, 88, 138, 148
Orwell, George, 59

palabra indicadora, 15, 16, 24, 70, 194
"pegamento", 39, 44, 194
pensamiento ilusorio, 67, 184
plausibilidad, 35, 170
población, 121-123, 125, 127, 130, 132, 152-169
poner a prueba un argumento, 22
poner a prueba una explicación, 167
poner a prueba una generalización, 172
poner a prueba una hipótesis, 172
poner palabras en boca de otro, 15, 43, 46, 57
porcentajes, 100, 101
posibilidad no es plausibilidad, 35

posibilidades, 17-19, 35, 44, 45,
    71, 72, 78, 88, 107, 110,
    123, 125, 138, 140, 145, 151
    excluyentes, 71, 72
    post hoc ergo propter hoc, 145,
    146, 148, 156, 158
pregunta capciosa, 58, 162, 178
pregunta retórica, 15, 44, 114
preguntas sesgadas, 128
premisa irrelevante, 42, 47
premisas, 14
presuponer la cuestión, 21, 24,
    42, 66
Principio de Discusión Racional,
    40-42, 66, 146, 169
principio general no enunciado,
    110, 114
principio general, 110, 112, 113,
    115-120
promedio, véase *media*
publicidad, 31

sesgo intencional, 122, 123
"solo si", 76, 77, 84
"solo", 83, 84, 90
sopesar riesgos, 182
suspender el juicio, 25, 28, 30,
    31, 34, 38, 144, 194
sustituto de demostración, 62, 63

tamaño de la muestra, 126
"todos", 83-90

Vargas Llosa, Mario, 115
variación, 102, 103, 127, 128
verdadero, 3
verosímil/inverosímil, 17-19,
    123, 125, 140, 145, 165
Wikipedia, 32, 33

razonamiento en cadena con
    "algunos", 87
razonamiento en cadena con
    "todos", 87
razonamiento en cadena con
    condicionales, 80
razonar a partir de hipótesis, 81
reducir al absurdo, 53, 54,56, 81,
    176
refutación falaz, 37
refutar un argumento, 36, 52
relativista, 96
reparar argumentos, 39
ridiculizar al oponente, 56
ridículo, 63
riesgos, 182-191
Russell, Bertrand, 38

"ser" no implica "deber-ser", 94

Richard L. Epstein es bachelor of arts *summa cum laude* de la *University of Pennsylvania* y Doctor (Ph.D.) por la *University of Berkeley, California*. Fue *Fullbright fellow* en Brasil. Es autor de *Critical Thinking, Propositional Logics* (Kluwer) y *Predicate Logic* (Oxford) entre muchos otros títulos. Actualmente preside el *Advanced Reasoning Forum* en Socorro, Nuevo México, EUA.
Email: rle@advancedreasoningforum.org

Manuel A. Dahlquist es doctor en filosofía por la Universidad Nacional de Córdoba, Argentina. Es investigador (categoría 3) en el IHUCSO (UNL/CONICET). Es profesor asociado de Lógica 1 en la Facultad de Humanidades de la Universidad Nacional del Litoral y profesor asociado de Lógica en la Facultad de Humanidades Artes y Ciencias Sociales de la Universidad Autónoma de Entre Ríos. Es autor del libro *Una introducción a la teoría lógica de la Edad Media* (College Publications) y de artículos publicados en revistas especializadas y capítulos de libros.
Email: manuel.dahlquist@gmail.com

Juan F. Rizzo es estudiante de la Licenciatura en filosofía de la Facultad de Humanidades, Artes y Ciencias Sociales de la Universidad Autónoma de Entre Ríos. Se ha desempeñado como auxiliar alumno en el nivel universitario. Fue *student fellow* del *Advanced Reasoning Forum* en Socorro, Nuevo México, EUA.
Email: juan.rizzo@gmail.com

www.ingramcontent.com/pod-product-compliance
Lightning Source LLC
LaVergne TN
LVHW051830080426
835512LV00018B/2798